The Future of Finance is Now

金融革命的
战略机遇期

［美］杰森·辛克（Jason Schenker） 著

邓佳佶 译

中国科学技术出版社

·北 京·

The Future of Finance is Now: The Most Important Trends in Finance for the Coming Decade Have Already Started by JASON SCHENKER/ISBN: 978–1–946197–34–4

Copyright © 2019 Prestige Professional Publishing, LLC

All rights reserved.

The simplified Chinese translation rights arranged through Rightol Media

（本书中文简体版权经由锐拓传媒取得 Email:copyright@rightol.com）

北京市版权局著作权合同登记　图字：01-2020-5526

图书在版编目（CIP）数据

未来金融：金融革命的战略机遇期 /（美）杰森·辛克著；邓佳佶译 . — 北京：中国科学技术出版社，2020.10

书名原文：The Future of Finance is Now: The Most Important Trends in Finance for the Coming Decade Have Already Started

ISBN 978–7–5046–8777–7

Ⅰ. ①未…　Ⅱ. ①杰…　②邓…　Ⅲ. ①金融学—研究　Ⅳ. ① F830

中国版本图书馆 CIP 数据核字（2020）第 183424 号

策划编辑	田　睿　赵　嵘		**版式设计**	中文天地	
责任编辑	杜凡如		**责任校对**	吕传新	
封面设计	马筱琨		**责任印制**	李晓霖	

出　版	中国科学技术出版社
发　行	中国科学技术出版社有限公司发行部
地　址	北京市海淀区中关村南大街 16 号
邮　编	100081
发行电话	010–62173865
传　真	010–62173081
网　址	http://www.cspbooks.com.cn

开　本	880mm × 1230mm　1/32
字　数	110 千字
印　张	7
版　次	2020 年 10 月第 1 版
印　次	2020 年 10 月第 1 次印刷
印　刷	北京盛通印刷股份有限公司
书　号	ISBN 978–7–5046–8777–7 / F·903
定　价	69.00 元

（凡购买本社图书，如有缺页、倒页、脱页者，本社发行部负责调换）

献给我亲爱的妻子 阿什莉

有这么一个关于经济学家的笑话：两位经济学家坐在篝火旁，突然一只熊从树林里跳出来。这时，一位经济学家直接飞快地跑了起来，而另一位经济学家则是穿上了跑鞋。

没穿跑鞋的经济学家对另一位经济学家说："你穿上鞋子也永远无法跑过熊的。"而另一位经济学家则大声说道："我不需要比熊跑得快。我只需要快过你。"

金融领域的确如此。

金融方面的专业人士一直以来都在努力寻找转变的关键点，因为谁能洞见到一点点未来，谁就能从中赚到钱。这就是多年来金融科技（FinTech）一直被热烈讨论的原因，这也正是"未来金融"能变得如此热门的原因。当然，这也是我写本书的原因。

金融行业通常处在技术发展的最前沿，因为这个行业涉及太多钱。也正是因为这样，金融从业者在谈到交易或可投资主题时经常会说"跟着钱走"。

有趣的是，金融未来十年的大趋势已经出现，这也正是本书取名叫《未来金融：金融革命的战略机遇期》（*The Future of Finance is Now: The Most Important Trends in*

Finance for the Coming Decade Have Already Started）的原因。多年来，我一直在讨论金融变革的三大变革点。

这三大变革点为受惠面更广、成本降低和易用性提升。

我们已经可以看到，有越来越多的改革让金融工具和金融市场变得大众化，全世界的人们拥有比以往任何时候都多的支付系统、私募股权和 24 小时 ×7 天的银行服务。

整个金融服务领域都在大力推动降低成本，其中包括降低付款成本和管理账户成本。这就是以前的主动管理基金的标准"2/20"[1] 已经基本上淘汰的原因。

过去金融可能会因为烦琐而令客户不知所措，但现如今在全世界都受用户界面和用户体验指标驱动的大背景下，金融业已成长为专注于易用性的行业。

近年来，这三大变革点已影响到金融行业以及金融科技的方方面面，在之后十年甚至更远的未来它们将继续影响金融行业。实际上，这些变革点已成为行业重塑的标志。

---

1 "2/20"是主动管理基金常见的费用标准，是指基金管理人会收取 2% 的基础管理费 +20% 的超额收益分成作为基金费率。——译者注

我认识的每个人，当他们畅想金融的未来时都会感到非常兴奋，他们感觉未来发生的事情会与过去截然不同。

但其实并不是这样。

名称和技术的确是在不断变化，但金融的本质却从未变化。

在本书中，我会介绍一些有关全世界金融变化的数据和分析。而从这些数据中，你能感受到的一个观点就是"这次没有不同"。

大数据在金融领域并非什么重要的发现。金融机构一直以来都有大量数据需要处理。实际上，在有记录的人类历史中，第一批著作就是为了记录财务状况而存在的。

这也是区块链技术对金融来说同样不是什么新鲜事的原因——事实上区块链也已有十多年的历史了，本身也算不上什么新鲜事了。更重要的是，区块链只是一种用于保存记录的会计方式而已，并非颠覆性的创新。

甚至量子计算，这的确是一种新型的计算方式，但在金融上却并不一定能产生多大不同。毕竟，自有算盘以来，或者至少自从有《股票作手回忆录》(*Reminiscences of a Stock Operator*)[1]以来，金融机构就一直在寻找利用先进的计算、分析方法和计算处理能力，从而在市场上取得优势的方法。

至于网络，这也是长期以来金融业发展所面临的一部分。我们可以预见，未来十年，那些盗贼、小偷不可能再靠骑马、戴头巾、拿左轮手枪来洗劫财富；他们也不可能再穿着风衣去抢劫，把汤普森冲锋枪藏在风衣里面。但是，我们完全可以相信，虽然今天的盗贼不再使用以上的工具而主要靠计算机和互联网，但其本质仍然是盗窃。就像在"狂野西部"或"黑帮时代"一样，金融机构将努力保护被托管的资产，对资产负责。

另外，恐怖分子将继续尝试寻找新的数字手段来从事非法活动。他们可能不再能使用纸质无记名债券来进行交易，但如今加密货币就成了新的数字资产。

在政治方面，政府会花费更多的开销，使得国债规模进一步增加。

1　此书为天才操盘手杰西·利弗莫尔所著，出版于 20 世纪 20 年代，开创了技术分析的先河。——译者注

我们可以预见，未来影响金融的许多新兴颠覆性技术和趋势，其实与远古时代的技术变革是相似的。

实际上，这些最新发生在金融界的趋势正在继续向前，并有望在未来数十年内影响整个行业。

这就是为什么本书取名叫《未来金融：金融革命的战略机遇期》（*The Future of Finance is Now: The Most Important Trends in Finance for the Coming Decade Have Already Started*），实际上未来金融就发生在现在。

| 整本书的结构 |

为了能够让你在阅读本书时抓住其中最重要的内容，我将本书分为四个部分：

- 金融市场大趋势
- 科技大趋势
- 长期风险
- 全球大趋势

在第 1 部分 "金融市场大趋势" 中，我将讨论金融市场中最近的、最重要的一些动态，包括：科技与金融之间是如何联系起来的（第 2 章），金融科技的三个变革点（第 3 章），如何寻求收益（第 4 章），市场相关性以及涉及的交易（第 5 章），获取超额收益有关的研究（第 6 章），以及蝗群式炒作（第 7 章）。这些动态可能会对金融的未来有深远影响。

在第 2 部分 "科技大趋势" 中，我们将研究最关键的新兴技术，而这些技术可能会影响未来十年乃至数十年的金融发展。这些技术包括大数据（第 8 章）、金融自动化（第 9 章）、区块链（第 10 章）、量子计算（第 11 章）、网络安全（第 12 章）、智能投顾（第 13 章）和人工智能的偏见（第 14 章）。

第 3 部分则专门介绍长期风险。这一部分我将解释美国国债和公民应享权益方面的问题（第 15 章）、中央银行资产负债表和经济的不确定性（第 16 章），以及针对所有公民保障性收入的讨论（第 17 章）。

在本书的第 4 部分也就是最后一个部分，我们讨论的是全球大趋势。在这一部分我们将讨论对金融科技创新的乐观展望（第18章），环境、社会、治理和可持续性发展对公司的重要性（第19章），以及贸易对全球经济的重要性（第20章）。

最后（第21章），我会从个人、企业以及专家角度给出建议，帮助你应对金融领域即将发生的变化。

闲话不多说，让我们现在就进入正题吧！

目　　录

第 1 章　为什么要写本书 1

第 1 部分　金融市场大趋势
SECTION I MARKET TRENDS

第 2 章　科技与金融 10

第 3 章　金融科技的三个变革点 14

第 4 章　寻求收益 18

第 5 章　市场相关性 27

第 6 章　获取超额收益 31

第 7 章　蝗群式炒作 39

第 2 部分　科技大趋势
SECTION II TECHNOLOGY TRENDS

第 8 章　大数据 50

第 9 章　金融自动化 58

第 10 章　区块链 67

第 11 章　量子计算 89

第 12 章　网络安全 102

第 13 章 智能投顾 113

第 14 章 人工智能的偏见 117

第 3 部分 长期风险
SECTION III LONG-TERM RISKS

第 15 章 美国国债与公民应享权益 124

第 16 章 中央银行的资产负债表 148

第 17 章 普遍基本收入 161

第 4 部分 全球大趋势
SECTION IV GLOBAL TRENDS

第 18 章 金融科技的全球优势 184

第 19 章 环境、社会和治理

与可持续性 189

第 20 章 贸易的重要性 195

第 21 章 未来金融已来 199

关于作者 205

致谢 209

第 1 章

为什么要写本书

———

"您在'未来金融'这个领域做过些什么呢？"

这是一位经纪人问我的问题，就像是任何活动推广中听众都会问的那种问题一样。

但重点是，这个问题不是在 1999 年我刚大学毕业那时被问到的，而是 2019 年的时候一位经纪人问到的。

我当时对这个问题是很难以置信的。庆幸的是，我们不是面对面坐着，而是打电话沟通，还不至于太尴尬。

我之所以如此惊讶，是因为截至 2019 年，在过去的三年中，我在未来金融方面做了很多工作——这也是我写本书的原因。

毕竟 2016 年那时，我就在麻省理工学院攻读金融科技，撰写了很多有关金融和金融科技未来的文章。

自 2016 年以来，我也把金融科技相关的主题多次纳入到了我专业领域的演讲中。实际上，我有许多此类演讲经过专业录制后发布在优兔（YouTube）上，地址是 www.youtube.

com/jasonschenker。

另外，我还创立了未来金融这门课程，并且将课程内容录制成视频。这个课程持续两年，它比后来创立未来专家和长期分析师培训计划还要早。

除此之外，在当时我们电话交谈前，我已经写了许多关于未来金融的技术书籍，涉及许多专门针对未来金融的内容，包括《机器人的工作："敌托邦"还是"乌托邦"》、《区块链的承诺》（ *The Promise of Blockchain*)、《机器人与自动化年鉴》（ *The Robot and Automation Almanac*)、《量子技术：全新的计算方式》（ *Quantum: Computing Nouveau*)。我还撰写了其他金融书籍，如《金融风险管理基础知识》和《审计和尽职调查概述》。

但是这位经纪人似乎对此一点儿都不了解。

所以，我向他介绍了我做过的工作，就像我刚刚向你介绍的这样。

他接着问："那么，你确定自己真的可以谈论未来金融了吗？"

他并非是在讽刺，而是在严肃地问我。我感觉自己有点儿不那么开心了，甚至不再惊讶。我紧咬牙关。

这位经纪人的第二个问题真正促使我写了本书。

我知道，将写的书当成个人名片是很常见的想法。但我自己经常会忘记这一点，最后会发现无论我进行过多少研究，发表多少演讲，创作多少文章或视频，这些通常在别人眼中都说明不了什么。

只要你还没有写过关于某个主题的专著，那么人们就不会相信你在这方面具有任何真正的见识或专业知识。

当然，如果想要写出一本书，那你至少需要有这一领域的智慧，至少要抓住这一领域的精髓。

正如营销大师瑞安·霍利迪所说的那样："当你写一本书时，你就必须把它写得很好。"

但谁知道这是不是对的呢？

哈哈，我的朋友，我向你分享了这条建议后，我想你现在已经知道了关于写出一本好书的最大秘诀了，这很有价值吧！

但这样就够了吗？

当然不是。"写一本好书"这样的说法其实是过分抽象的，它严重地简化了过程背后的实况。事实上，"好"对一本书来说是非常主观的评价。

我所追求的是实用、前沿以及创新，而不是老生常谈、逢迎讨好。

我的信念是，只要你能够写出一本可以与全世界分享的有价值的书，那么你就可以把它当成内容传播的工具，加深你在这方面的专业见解和加快职业发展。

尽管我意识到这一点，但考虑到金融科技方面的深入研究可能会干扰我当时在大宗商品和金融市场研究咨询机构Prestige Economics LLC（远望经济公司）的主要工作，就没有深究。但仍然有人问我"是否了解金融的未来"这样的问题。

因此，本书诞生了。

坦白地说，这应该是我探讨有关未来科技的第一本书。总而言之，它终于出版了。

当我的事业发展壮大时，其实也有一些基本内容需要我补齐。就拿本书来说，虽然其中内容已经以视频和在线课程形式存在了两年多，但现在我才终于可以把它纸质化并出版。

因此，希望未来不再会有人问我"你是否了解金融的未来"。

别误会我的意思。

金融的未来是一个令人感到惊奇和兴奋的话题。

这其实也从根本上改变了我的职业生涯，让我从经济学家转向未来主义者。金融科技是我建立未来主义研究所、注册未来专家和长期分析师的主要动力。

其实早在 2016 年，我就曾短暂地担任过初创金融科技公司的创始人和高管。

在金融市场超过 15 年的从业生涯，也让我看清不少市场现象。在分析和预测方面，我做了很多颇有成就的工作——根据彭博社的评价，自 2011 年以来，我在 43 个不同类别中被评为最佳预测者。

金融的未来将是令人兴奋且具有颠覆性的。最有趣的是，未来十年即将发生的大多数变化已经开始。实际上，其中大多数变化在几年前甚至更早就开始了。

这就是为什么我将本书命名为《未来金融：金融革命的

战略机遇期》(*The Future of Finance is Now: The Most Important Trends in Finance for the Coming Decade Have Already Started*)的原因。未来金融并非在未来，而是在现在。大多数金融趋势其实已经发生了。

金融一直以来都是科技最领先的行业，因为科技能够提供优势。在金融、银行和交易方面，任何的优势都能让你赚到大钱。

从这一点上看，未来金融一定是市场接纳新兴科技向市场渗透以及某些关键科技的完全饱和。

当然，未来金融一定和诸如量子计算之类的尖端科技发展有关。未来金融涉及的所有数字和虚拟形式还将会和网络安全的联系越来越紧密。

未来金融的趋势不仅仅在技术领域能看到，其在金融领域一直存在。

在接下来的章节中，我将讨论一些将迅速普及的重要趋势以及面临的挑战。我会将这些趋势和技术放在当前以及历史的大背景下去讨论。毕竟，"这一次没有什么不同"。金融领域无新事，这对于金融的未来也多半如此。

第 1 部分
金融市场大趋势
SECTION I　MARKET TRENDS

第 2 章

科技与金融

金融领域所用到的技术一直走在科技领域的前沿。科技意味着优势，也就意味着金钱。

如果你打算将技术分配给具有高投资回报率的行业，那么金融无疑是正确的选择，因为谈到从信息中获得收益，金融是处于最佳支点的杠杆。

当然，我并不是说要用技术手段去获得重大的非公开信息或类似的信息。我说的是我们可以进行市场分析，识别数据关系，利用相关性以及使用技术来获得更高收益。我们要时刻牢记的是，和金融有关的业务，一点点优势就会为我们带来可观的收益。

这也是为什么我们能够看到许多技术已经被用在了金融上。这些技术能够让交易更方便、快捷，降低交易成本，同时日益大众化。我将在下一章中讨论这三个变革点。

总而言之，相比任何其他行业，未来金融能够很快地吸纳任何创新——因为只要技术行之有效，它就可能产生可观的金融回报。

此外，即使未来十年及以后的趋势已经成型，在金融科技领域仍有可能出现前所未见的创新。只要有新的技术，金融行业就会迅速占据风口。

对银行来说，金融的颠覆性创新是必须牢记于心的教训。

曾几何时，金融科技像是数字时代的野蛮人，让银行忌惮，威胁着银行的利润率。但最终，银行和传统金融服务公司也加入科技战场，并最终将创新又向前推动一大步。

这就是许多大型银行在过去几年纷纷启动技术加速器和孵化器的原因。毕竟，金融科技的解决方案对传统金融服务构成了威胁。而且，如果金融科技要去抢金融服务业的饭碗，那么金融服务业倒不如推动金融科技发展。毕竟，如果你不能保住自己的饭碗，那你就会成为别人的盘中餐。

这就意味着，未来金融可能会继续与传统的金融公司结合，利用加速器和孵化器来促进创新。这也就是说，金融科技和传统金融没有回头路可走了。金融业的未来将依靠金融与科技结合后的金融科技，而这将由三个关键变革点驱动。

第 **3** 章

金融科技的三个变革点

———

金融科技的英文名为 FinTech，它通常会从三大主要的变革点出发，推动创新和颠覆性变革。

第一个变革点是降低成本。这一点简单易懂：金融科技给出的解决方案是通过使用技术手段来降低各种各样的成本，如股票买卖的成本、资金转移成本以及收付款等各方面金融活动的成本。

传统的金融公司为了保持其竞争力，为了能够和金融科技公司创造出的新的低成本解决方案相抗衡，就必然需要直接参与竞争，如收购金融科技公司或以其他方式发展。

当然，成本只是驱动消费者决策的因素之一，而更为关键的因素是用户体验，这便是第二个变革点。金融科技解决方案通常不仅仅想要降低成本，而且还会努力改善用户体验。当金融科技公司能够以较低的成本提供更优质的服务时，它所给出的解决方案将是极具杀伤力的战略武器。

金融科技的第三个变革点是大众化。金融科技公司要做的是打入新市场，将过去仅限于少数人的金融服务产品大众化。私募股权投资就是一个很好的例子。以前，私募股权投资仅限于收入或资产水平较高的合格投资者。但现在，每个人都可以投资私募产品。

金融服务公司的数字化渠道在"80后"和"90后"中已经有了极大的渗透率。但是如果把眼光放到未来十年，我想这些在线平台还能不断发展，渗透进老年人群体和更年轻一代如"00后"之中。

金融科技施加于未来金融的影响，将促使投资、金融活动以及整个金融服务行业的发展朝着完全远程、在线和云端的方向发展。正如我在上一章中所说的那样，无论是传统金融公司还是金融科技企业都没有回头路可走了。

这不是说所有人都不再接受银行交易或理财顾问的定制化建议。但的的确确，人们正在寻求低成本、易用性高和更普及的金融服务。通过零边际成本的应用程序，各种投资建议都更容易通过在线的方式大规模提供。

当然，金融服务上的分歧也可能会出现，市场上最高端的消费者会为单独的服务支付溢价，而普通的个人投资者可能就与这类复杂的财务决策无缘了——尤其考虑到美国民众普遍金融知识水平较低，这种分歧将会变得更大。

第 4 章

寻求收益

———

过去几年中，对投资者最大的一项挑战就是寻求收益，或者说寻求投资回报。债券收益率低，国债收益率也低，而房地产价格则是涨到了高位，股票的估值也变得相当高。

那么，投资者应该把钱投向哪里以产生收益呢？

这是一个特别令人讨厌的问题，特别是你正在寻找具有相对稳定、安全的固定收益投资。这种现象不只美国独有。

几乎各个市场的收益率都有下降。当本书出版时，欧洲央行的存款利率仍为负——在可预见的未来，欧洲央行的存款利率可能会一直为负。

如果未来的金融市场处在持续低利率的环境之中，那么投资方面的挑战就会一直存在。而且，如果每次出现低迷时央行都将通过扩表的方法救市，那么低利率将可能一直存在下去。

导致收益率降低和股票估值攀升的因素之一是可投资资产数量大大减少。实际上，近年来上市公司数量已急剧下降（几乎减少了一半，见图4-1所示）。而且，上市公司的数量可能会进一步下降。

这使得股权投资者可投资的资产类别变得更少，正因为如此，投资者更有可能将市盈率进一步推高至不合理的水平。而另外，交易所交易基金（ETF）一直是股票市场上的大买家，也就是说估值还会在它的推动下进一步攀升。交易所交易基金采用的是被动资产管理的形式，我将在第9章中对其做进一

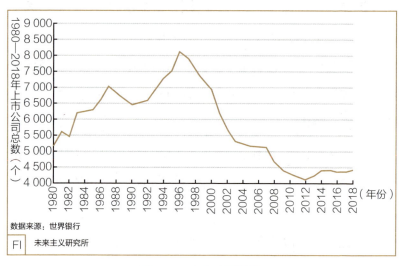

数据来源：世界银行

FI　未来主义研究所

图4-1　上市公司数量

步讨论，在图 9-2 中我们可以看到 2003—2017 年全球交易所交易基金的数量增长情况。

交易所交易基金的数量增加，也就意味着有限的股票供应下买家变得更多。近年来，首次公开募股公司的数量大大减少，这就使得上市公司总数保持在较低的历史水平，具体见图 4-2。

持续的并购活动（Merger and Acquisition）以及越来越少的新公司通过首次公开募股上市，两方面的驱动使股票的供应越来越稀缺；从长远来看，这可能会使得股权投资者的投资价值受到威胁。

跟本书的其他主题一样，这些变化并不是新鲜事。趋势已经形成，越来越少的股权投资机会已成定局。

这一系列的变化很可能在未来的金融市场中持续下去。但股本投资的回报收益还不算是金融业最大的风险。

金融业未来面临的更大风险在于（尤其是在短期内），首次公开募股公司的营业利润跌入谷底：2018 年首次公开募股公司收益为负的占比达 81%，这一占比和 1999 年首次公

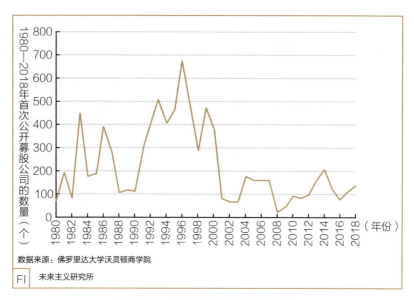

图 4-2　首次公开募股公司的数量

开募股公司收益为负的占比相当，处于历史最高水平——而
1999 年也就是科技泡沫破灭的前夕。

　　从统计数据看，过去一段时间负营业利润公司上市所占比
例呈上升趋势，具体见图 4-3。而在最近的经济周期中，负营
业利润公司上市占比的上升趋势比以往周期还要强烈。

更大的问题在于这种趋势可能成为新常态。因为现在只有越来越少的上市公司可供投资。即使交易所交易基金寻求投资组合多样化，由于可投资的公司变少，交易所交易基金也会面临这一挑战——而且只要有任何类别的新资产出现，交易所交易基金可能都会对这些资产颇有需求，尽管其营业利润可能为负。这也部分解释了为什么营业利润为负的公司在首次公开募

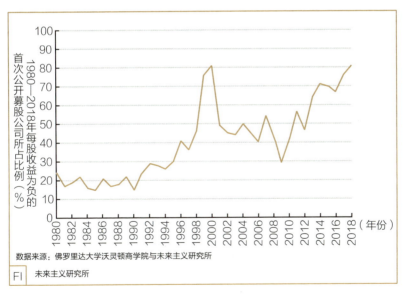

图 4-3　负营业利润的首次公开募股公司上市所占比例

股时所创造的资产收益甚至要高于那些营业利润为正的公司。这一现象可以从图 4-4 中看到。我们可以想象，这一现象和常识有多么背离？

而且，这绝非微小差异。2018 年，营业利润为负的公司在首次公开募股日的平均收益率是同期营业利润为正的公司的 2 倍；1980—2018 年首次公开募股日的平均收益也符合这

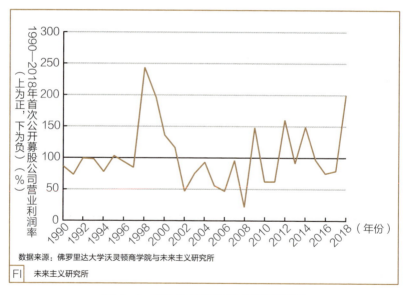

数据来源：佛罗里达大学沃灵顿商学院与未来主义研究所

FI 未来主义研究所

图 4-4 首次公开募股公司投资回报率

个规律。

一些分析师和投资者将这种现象称作"越涨越买"的投资逻辑。换句话说，人们之所以进行投资是因为价格一直在上涨。这种作用机制从私募基金开始，在私募股权投资的阶段，不同轮次的融资不断抬高未有收入的初创公司的估值。从种子轮到 A 轮融资，直至首次公开募股，虽然公司的营业利润为负，但其估值在不断上升。

尽管在未来的金融业中，我们可能会继续看到大多数首次公开募股公司的利润为负，但应当注意的是，当前的比例在历史上已经处于很高水平——如果经济继续低迷，市场对这个比例可能会有所回调。

就目前来说，令投资者感到沮丧的主要还是缺乏可投资标的。上一轮全球性的央行量化宽松已经将过多的现金和流动性注入缺乏收益潜力的市场中，其结果是资产的估值已经被过分夸大了。此外，流动性过剩、可投资标的不足、普遍存在的"害怕错过"的心态，这一系列问题也已蔓延至非公开投资领域。一些我亲眼所见的投资和交易，着实令我吃惊。

展望金融的未来，可以预计公开市场中存在的各种问题将会继续影响非公开市场。在第 16 章中，我会讨论量化宽松这一话题。量化宽松虽然是在濒临灾难时刺激全球经济的有效方法，但它也使得资本需要追求更多额外的回报。量化宽松会使投资的成本变得高昂，并刺激出一些恶劣的市场行为。从历史经验看，当这种状况持续太长时间，必然会有人为此付出代价。

———

第 5 章

市场相关性

———

近年来，市场间的关联度已变得越来越紧密，而且这种市场相关性在未来可能会变得越来越重要。

我过去经常写有关市场相关性的文章，在我的《大宗商品101》（*Commodity Prices 101*）这本书中，市场相关性也是一个关键主题。在过去的 15 年里，我也把市场相关性整合进对于金融市场的预测模型中。实际上，市场相关性也极大地影响着 Prestige Economics LLC（远望经济公司）对各类资产（汇率、能源价格、金属价格、农产品等）的预测准确性。

简而言之，在未来，我们将继续看到金融产品的价格走势呈现出跨市场相关性。美元、黄金、石油、金属和股票价格都将继续保持明显的相关性。

在很大程度上，这种现象的产生来自金融化、算法交易和跨市场的技术性交易。随着越来越多的统计分析和相关建模，这方面的交易决策很可能会进一步加强市场间的相关性，虽然在历史上其相关性和一致性没有那么大。

当然，有一些关键的货币政策和经济数据还会从基本面的角度对整个市场产生巨大的影响，而且这个影响是有原因的。正如我在上一章中指出的那样，央行的量化宽松政策会影响几乎所有市场中的价格走势，包括权益类资产、大宗商品、其他硬资产的价格。毕竟量化宽松旨在提高总需求，而越来越多的全球性需求就会推动价格上涨。

在经济基本面的分析上，我们能够预见到采购经理人指数（PMI）的市场影响仍将持续。采购经理人指数通常被当成是资本密集型制造业和整体国内生产总值状况的领先指标。在一个可以称得上服从"二八定律"的世界里，尽管制造业占全球国内生产总值的比例不算大，但从美国供应管理协会（ISM）制造业指数、欧元区制造业采购经理人指数和中国财新制造业采购经理人指数中，我们仍可洞悉全球经济的整体健康状况。简而言之，这些可能仍将是未来需要关注的核心指标。

总的来说，可以预计在未来的金融世界中，主要经济指标和货币政策等基本面因素仍将对整个金融市场产生深远影响。

而在基本面的变动之间，包括在投资者对基本面做出反应之前，技术交易和市场之间的整体关联性将在投资决策方面占据主导地位。

金融市场的未来仍将由基本面和技术面共同驱动，随时间推移，市场间的相关性会不断自我强化，从而使得市场之间变得越来越紧密；这会消除各类资产过去建立起来的、已经被证明有效的套利机会。

第 6 章

获取超额收益

像许多其他金融领域一样，金融市场研究的未来其实已经来临。

金融市场研究的未来方向就是获取超额收益。

欧洲有部叫作"金融工具市场指令"（MiFID II）的法规，这一法规的更新版于 2018 年年初已经生效，其内容要求基金经理将研究从资产管理的交易和执行中剥离出来。

这意味着基金经理必须自己掏钱支付研究费用，或者用客户批准的预算建立一个研究账户。

换句话说，机构投资者和基金现在必须使用获批的资金去购买研究成果。这是一个很艰难的挑战。而对于专门为机构投资者做市场研究的公司来说，这一规定称得上是灾难性的。幸运的是，我创办的研究公司 Prestige Economics LLC（远望经济公司）一直专注的是企业级客户。

但是在金融研究这块，机构和基金过去是能够从中获得丰厚利润的，这就使个人分析师和与大型基金合作的小型公司表现出色。

当然，这样美好的日子已经一去不返了。我已经见证了无数小的研究型公司停掉了业务，也看到了许多分析师回到大型银行和公司，去做市场营销工作，而不再是独立身份的研究员。

但最危险的是，一些投资基金开始让研究员使用某种称为"获取超额收益"的方式来补偿他们。简而言之，超额收益获取系统是让那些在监管范围内、持有执照的研究员，把交易建议直接输入到由基金或机构投资者运营的交易平台中。如果其建议获利，研究员将获得报酬——获利的研究员甚至能被分配到更大的投资组合，对更大规模的资金进行管理。但是，如果研究员给出的建议没有获利，相应的结果就是他会被淘汰。

在某些情况下，基金的投资过程可能有点类似学术评议。也许有人会仔细审查研究员给出的建议，然后再根据自己判断进行交易，而这可能与研究员本身的建议不同。在基金的投资中，这完全是有可能的。

但是在另一些情况下，投资组合管理就像是廉价商品大甩卖。在交易端可能就只有一个"执行"按钮，基金管理人只需要按照研究员的建议执行就行。

2018 年，我曾和做获取超额收益的那些基金公司有过两次合作探讨。这两次讨论的最终结果就是，我们的合作都被可能存在的监管压力扼杀了。

其中的一次是，有家规模达数十亿美元的欧洲大型基金公司告诉我，我不需要担心监管的问题。幸运的是，那周恰好有两位监管层的人在我办公室，他们是来审查我在得克萨斯州注册的投资顾问公司 Prestige Asset Management。

我直接问监管层的人那家基金的说法是否可行，并表明我觉得这种行为很可能不能做，因为这应该是会受到监管的。毕竟，在交易系统中针对非常具体的内容，如美元金额、头寸合约等提出交易建议，似乎更像是资产管理，而不像是撰写行业研报这类工作——虽然我也确实没有直接输入实际交易的指令。

最终，我的直觉是正确的——这是受监管的行为。监管层就是这样明确告诉我的。

到了第二周我再与该基金公司交谈时，他们再次向我保证，他们在美国的合规部门确信我不需要受到这方面的监管。于是，我就把当时监管层对我说的话向他们说了一遍。

那在这种情况下，"监管"到底意味着要监管什么呢？

明确地说，它意味着我必须公开我的合规操作并提交披露文件，以证明我的专业性，并且证明我不存在犯罪前科。

我必须公开我可能收到的最高佣金费用，尽管这个数据可能价值不大，因为最低费用其实为零，而且具体费用要取决于业绩表现。

但最后，这家基金公司拒绝签署出于法律考虑而进行利益披露的一份表格。似乎他们并不想让研究员在受监管的情况下参与其中。

但是在批准我使用他们的交易平台前，他们又要求我提供在美国监管机构美国金融业监管局（FINRA）处的资本要求指令（Capital Requirements Directive，CRD）编号。

换句话说，基金公司想确保我受到监管层的监管，但他们不想签署任何文件来确认我应受的监管，或者说不想让我在为该基金公司服务时受到监管。

他们希望我受到监管，但又不希望监管层将监管范围扩展到他们的平台或行为。

我在另一家基金公司也遇到了类似的情况。

既然基金公司已经收到了相关法律法规的披露办法，但却不愿意签署最大潜在费用披露，那为什么又想要监管层对此加以监管呢？

对此我有我自己的判断。而且我相信你也有自己的判断。

可怕之处在于，我知道有很多研究员在为"超额收益获取系统"工作。

如果说监管政策是必要的——保证从业人员会受到监管，但基金公司并不签署监管机构所要求的法律文件，那么许多研究员最终可能会因为监管的问题身陷囹圄。

另外，既然基金不希望监管层的手伸向自己，这就可能意味着它们会积极尝试一些显著正收益的方法，并为此铤而走险。

　　还应提醒的一点是，这类获取超额收益的基金公司可能会希望研究员签署一份免责声明，以此说明所有交易建议都是合法的，并且仅基于公共信息。但是，真实情况是有数百名研究员会为平台工作，而监管层却无法获取基金公司背后的所有交易数据。那么监管机构的目标难道就是故意让这些交易混杂起来，好让任何基于非公开信息的交易都隐藏起来？

　　这所有的规则难道只是为了自圆其说的推诿？还是说，这样做是为了让监管机构根本不去关心这些交易之间是如何混杂起来的？换句话说，是否将各种交易像炖牛肉一样混合在一起，监管层可以清楚品尝到辣椒粉味道，但永远不能准确判断它的位置？

　　我不知道。但是，我想知道。

　　另外，对美国及其他地区机构投资者来说，随着研究与交易、执行进一步脱节，我们可能会看到获取超额收益的系统会更加盛行。其中，一些交易可能是合法的，但有一些可能就不是了。

　　无论哪种情况，独立研究都将可能被进一步淘汰。研究员将不得不使用超额收益获取系统与基金公司进行一些见不得人的"浮士德"交易[1]，以此维持生计。

对于那些专注于机构投资者和机构基金的研究公司来说，这很可能是金融市场研究的未来。

幸运的是，这不是我公司聚焦的方向。

当然，我希望我的判断都是错的，但我对此表示怀疑。

----

[1] 隐喻，可用来比喻一个人或群体与邪恶的集团合作。——译者注

第 7 章

蝗群式炒作

现在，我们需要讨论一个很不轻松的话题——蝗群式炒作（hype locusts）。

目前，有这样一种越来越普遍的现象：技术话题日渐盛行，传统媒体、社交媒体乃至整个社会都在构想着新兴技术的出现，并认为该技术能立刻达到一定规模，从而解决一些全球重大的经济或社会问题。

其背后隐藏的假设是，当发明了这种技术后，所有难题就能迎刃而解。这种论调自发地就能吸引到很多人的注意，有一个专门的说法来形容这种情况，叫作蝗群式炒作。

在这种情况下，大量被吸引的人群如蝗虫一般蜂拥而至，它们可能会影响金融市场和私募公司的融资轮次和估值，甚至会影响政治言论，并且导致政策变得不切实际。

但是，过去人们相信"技术至上"，认为技术发展能够解决全球性重大问题是既定事实，但这样的假设存在巨大风险。

第 **7** 章
蝗群式炒作

幸运的是，使用谷歌的搜索数据我们能很容易发现哪些话题已经陷入了蝗群式炒作；但是不幸的是，这种现象已经发生在各个领域。

在电动车的大肆宣传中，我们就能发现新能源汽车领域内炒作的苗头，这一主题正是我在《未来能源》一书中探讨的。

同样的炒作也发生在 2017 年比特币身上。

相关性炒作

2017 年 12 月，比特币价格飙升。那时，我在我家附近的路边都能看到一个标有比特币标志的取款机，它旁边贴着的说明文字是"可付房款"，任谁看到都会觉得这是合法的事。

但对比特币来说这可能是颇具讽刺意味的。

实际上，围绕比特币和首次代币发行（ICO）的大量骗局已成为一个大难题。2018 年 4 月，得克萨斯州证券委员会发布了有关加密货币诈骗的严厉报告。[1]

1　"加密货币中发现普遍存在的欺诈行为"（2018 年 4 月 10 日），数据来源：得克萨斯州证券委员会.

比特币的价格飙升引起了人们对首次代币发行和区块链的极大兴趣。如图 7-1 所示，比特币价格飙升，而同时谷歌热度飙升的搜索是：什么是比特币？（可以在图 7-2 中看到谷歌搜索量激增。）

谷歌搜索的数据表明，比特币作为一种投资品，把根本不

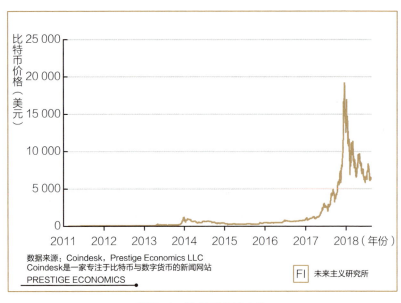

图 7-1 比特币价格走势

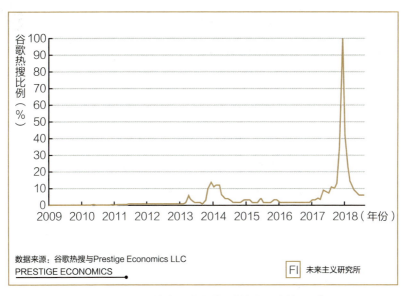

图 7-2 谷歌搜索热度趋势："什么是比特币？"

了解比特币的人都吸引了过来。大众的钱就这么盲目地跟着少数人的钱走。

对于那些寻求快速发展，想要重塑品牌为区块链实体的公司来说，监管机构也在密切关注它们。

2017 年 12 月，在比特币价格泡沫接近高峰的时候，一家名叫长岛冰茶的茶饮公司宣布更名为"长区块链公司"。靠着更名，该公司的价格从每股约 2 美元飙升至将近 7 美元。如果你随后继续对该公司跟踪，就会发现截至 2018 年 8 月 1 日，该公司的股价已跌至每股 0.34 美元左右。[1]

纳斯达克也将该公司摘牌，从公募股权交易所中剔除了这家公司，而美国证券交易委员会也于 2018 年 7 月 10 日给该公司发了传票。这对其管理层来说似乎并不乐观，而整件事情——吹大泡沫、监管介入、围绕区块链的炒作——这些事应该时刻令我们警醒。

下一个是量子计算？

量子计算可能面临着与区块链一样的蝗群式炒作压力。

目前，在量子计算领域还没有一家上市公司。然而，从 2018 年 9 月开始，至少有一只交易所交易基金（ETF）自称是量子领域的交易所交易基金。

1　Katz，L.（2018 年 8 月 1 日）."被纳斯达克除名后，长区块链公司又收美国证交会质询函."来自彭博新闻.

但问题在于，如果没有任何真正上市的量子计算公司，那这就显然是一个用来炒作的名字和标签罢了，并不是真正一揽子量子领域的股票基金投资。

当然，这并不意味着此类交易所交易基金完全不会投资从事量子技术的公司。实际上，这是其核心卖点。而且这也不代表这只交易所交易基金就会表现不佳。毕竟，如果它投资的公司表现良好，基金表现也可能很好。

但这意味的是，量子交易所交易基金的股票组合中没有任何上市的量子技术公司——它是针对尚不存在的行业发行的交易所交易基金，这也就预示着围绕量子炒作存在不少潜在风险。

而现在，正在发生的事情是有很多真金白银正流入量子领域。

"蝗群"在等待。他们所期待的疯狂可能会在不远的将来实现。这一切可能是跟着整个市场乐观预期的大趋势到来而到来，人们在牛市中把它包装成确定无疑的未来，随处可见的是沉浸于炒作和金融暴富神话的"时代弄潮儿"。

但这次并不会有什么不同。这些大肆炒作的话题，最终不过是换了个名字形成投资泡沫……

于是泡沫破裂了。

同样的事情发生在 1637 年郁金香上，发生在 2001 年互联网上，也发生在 2018 年比特币上，并且在未来的金融世界中也将继续发生。

前景如何？"蝗群式炒作"引发的泡沫

展望未来金融和这类未来可能出现的炒作，我预计会有更多泡沫出现。这些炒作的内容可能只是营销内容中有意无意被挖掘出来的，而随着社交媒体大肆宣传，最终这些炒作话题会变成真实的媒体报道和投资者的资金。

这是每个资金不足的初创公司"梦寐以求"的。他们通常会将筹到的最后几美元资金用于下一轮营销，而不是将资金投入其实际产品的原型设计。

由于很多算法交易是根据大数据来进行投资的，那这些投资也就自然地朝着炒作的热度流去。

第 **7** 章
蝗群式炒作

这倒不是说世界已经完全变了，只是关键热点如今掌握在"增长黑客"的手中。那些从社交媒体获得线索并赢得报道的算法，未来将会成为更大的傻瓜。

虽然媒体从模拟信号时代进化到了数字信号时代，但其影响与以往一样。按照炒作进行投资的结果可能会像许多年前一样：在泪水中结束。

我预计随着媒体和内容的过度大众化，投资人将会被进一步误导，而这种现象将在未来十年内继续下去。这也意味着对公司而言社交媒体足迹将成为其营销策略（以及潜在的市场估值）中越来越关键的部分。

第 2 部分
科技大趋势
SECTION II TECHNOLOGY TRENDS

第 8 章

大数据

第 **8** 章
大数据

———

2018 年 10 月于休斯敦举行的一次会议上，一位谷歌高管指出，2016—2018 年收集的数据量超过了以前人类历史中所有创建和收集数据量的总和。[1]

商业社会靠数据而生。商业公司的目标是找到客户、削减成本、制订下一步计划，并且通过分析数据优化其活动。但是，如果数据集相比起我们掌握的计算能力过于庞大、难以掌控，那么就的的确确存在计算数据分析瘫痪的风险。

如果处理更多数据的唯一解决方案是使用更多的处理器，而不是更好的处理器，那么随着数据量增加，成本将成为一个大问题。换句话说，因为需要购买更多处理器，完成任务的成本可能会呈抛物线式增长，而这正成为当今商业社会中真正的风险。

———

1　谷歌云（Google Cloud）负责石油、天然气和能源的副总裁达瑞尔·威利斯（Darryl Willis）的致辞. 2018 年 10 月 10 日在 D2:Upheaval 发表的演讲.

在金融等数据丰富的领域，这可能成为未来十年的关键问题。

摩尔定律的终结

数据大量转移和数据量大幅增长的部分原因是数据处理和数据存储硬件的成本大幅下降。但成本大幅下降的趋势可能会结束，尤其是处理器的成本方面。

这是由于计算能力面临一些潜在的限制。实际上，许多从事技术工作的人都会谈到一个近在眼前的巨大风险，那就是所谓的"摩尔定律的极限"。该定律是以英特尔创始人戈登·摩尔的名字命名的。按照这一定律，我们可以将计算能力提高一倍，同时能把成本缩减一半。[1]

这使不断增加的计算机处理能力技术变得强大而又便宜。图 8-1 展示了计算机处理能力的发展符合摩尔定律。

---

1 "摩尔定律"．来自 Investopedia.

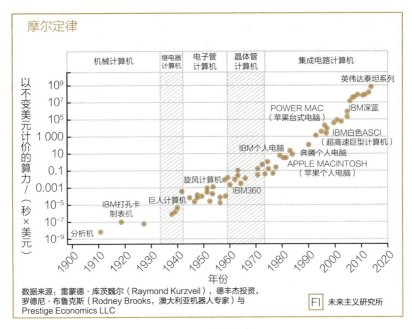

图 8-1　摩尔定律

但摩尔定律正在瓦解。[1] 成本降低而计算能力增加的情况，可能在未来不会再出现了。

实际上，目前唯一的解决方案是使用更多的处理器而不是

1　Gribbin, J. *Computing with Quantum Cats: From Colossus to Qubits*［M］. New York: Prometheus Books, 2014: 92.

更好的处理器。随着构建的数据量不断增长，这种解决方案会有很大的问题。毕竟，如果你想要分析收集的数据，那就需要有能够分析所收集数据的处理器。

随着我们收集和存储的数据呈抛物线增长，尤其是在物联网世界或万物互联的构想下，数据规模将成为巨大的挑战。

当前，我们的互联网的入口主要还是计算机、平板电脑和手机。通过这些接入互联网的主要设备，我们能收集数据、执行任务等。

但是，随着传感器成本的下降以及消费者对便利性的追求，我们会迎来一个被称为"物联网"的时代，现实很多东西都可以连接互联网，而不是只有计算机、平板电脑和手机，汽车、冰箱和办公室用品柜都可以接入互联网。

所有这些设备都可以进行交互，做出反应并产生数据。当所有设备都连接到互联网时，新增的、可挖掘、可分析的数据量将会令人叹为观止。

与未来的物联网数据相比，当前我们所使用的数据收集和分析的技术水平很可能是浅薄的。而其中的一些物联网数据，在未来很可能会用于金融服务，如银行和保险等。

如果没有量子计算这类技术的颠覆性飞跃，那么解决处理能力不足的唯一办法就只能是购买更多的处理器，而不是制造出价格显著低廉或更高效的处理器。在技术领域，这被称为一种"暴力解决"方案。[1] 技术专家、科学家和未来主义者称其为"暴力解决"，因为购买更多处理器的方案并不具有什么创新性。

这本质上是通过金钱而不是科学创新解决问题。这只是把问题抛给更多处理器，而不是在推动计算能力革新。

数据带来的挑战不同了

物联网设备将会产生更多可用的数据。硬件所提供的处理能力决定了数据分析是更昂贵还是更便宜，而这取决于通用量子计算是否能迅速实现商业化。

数据分析面临的挑战和过去不一样了。

---

1 英伟达副总裁兼自动化部门负责人 Deepu Talla 在 RoboBusiness 上的致辞，2018 年 9 月 26 日.

你可以根据需要在硬件上投入尽可能多的钱，但靠投入更多钱能解决的问题，还算不上分析数据的最大挑战。仅仅投入更多的钱和简单处理大量数据是远远不够的，这么做无法保证分析得到的结果是好的，它不能解决实际会遇到的更大的数据挑战。

我们现在收集的数据量越来越多，我们需要精准、快速地处理这些数据，这也正是我在第 11 章中讲述"量子计算将成为一项关键技术"的一些原因。

在金融界，公开信息的数据就已经多到令人难以置信的程度了。毕竟，图形和图表可以从每日级别精确到小时级别、分钟级别甚至高频数据（tick）级别。而想要在交易中建立比别人更强的优势，你就需要在技术上领先于其他人。

这也是为什么有这么多纽约的高频交易公司位于曼哈顿，因为这样他们就可以用最近的光缆发送指令，从而比其他公司更快地完成交易。[1]

1　Tovey，A（2014 年 4 月 2 日）."When Milliseconds Mean Millions." 来自每日电讯报.

利用所有可用的数据，做到最迅速执行，这样建立起的关键优势将在未来变得更加重要，尤其是在交易变得越来越自动化的现在和未来。

数据资源会体现在财报中

我们最后再谈一点数据与金融之间的关系。现在已经有一些公司把一些和数据有关的列项放在资产负债表上。在未来几年中，数据作为资产负债表中的一项资产，会越来越多地被考虑和评估进去。这就意味着不仅仅是交易员需要学会更好地和数据打交道，更重要的是，数据作为一种资源，它将会对公司估值产生诸多积极的影响。

第 9 章

金融自动化

第 **9** 章
金融自动化

———

现如今，机器人还只能取代一些低技能、低收入和低学历的工作。但是，他们在未来也可能取代其他的工作。我几年前就意识到，机器人完全有可能取代我的工作，而且如果你从事的是金融方面的工作，他们也可能会取代你。

不声不响的机器人时代

我第一次听到金融科技一词，是在 2016 年 5 月于阿米莉亚岛举行的亚特兰大联邦储备银行金融市场会议上。在此之前，我已经参加了 9 次该会议。在那次年会上，参会者约有 150 位，包括世界顶尖经济学家，美国联邦储备委员会主席、各区域行长，政府监管机构人员和学者，大家聚在一起讨论当今最热门的经济、货币政策和财政政策问题。

在这个享有盛誉的会议之中，我和一位我认识多年的美国联邦储备委员会新闻记者一起，没有参加一些议题，自顾享受着佛罗里达州五月初的美好天气。

我的那位记者朋友还带了另一位记者，他的专长是在金融科技领域。当时的我还没有听说过金融科技，所以我很天真地问："金融科技是什么？"那位记者告诉我，金融科技就是像比特币一类的东西。我那时只知道比特币是一种数字货币，仅此而已。

直到几个月后，当我试图招聘销售人员时，我才想起当时在那次会议上的谈话。我发现我很难找到适合的候选人。

有能力的人大批大批地离开了金融研究领域，而我不知道这是为什么。

最后，一位高级销售人员告诉我，由于金融科技，很多人都退出了金融研究领域。本质上，机器人正在颠覆金融研究业务。当我发现金融科技正在颠覆自己的业务后，我决定去麻省理工学院学习金融科技课程，从而尽可能地了解它。简单来说，机器人的利用已成必然，但我对它还一无所知。

金融科技：金融领域的"机器人末日"来临

金融科技是描述金融技术的流行词汇，代表了那些颠覆传统金融机构（并抢它们饭碗）的众多企业。金融科技公司通常会降低成本、业务的复杂性或提高以前银行业交易的易用性，从而占领市场和赢得客户。

金融科技正影响着金融服务。

长期以来，资产管理一直以计算机、统计分析和编程为主。金融科技则是在颠覆资产管理的逻辑——它通常采用被动交易的策略。这些策略中，一些被称为"智能投顾"，其智能之处就在于实现了自动化（即类似机器人的性质）。其结果是什么呢？理财经理正在失业，这对资产管理行业的潜在破坏力是很大的，具体见图9-1。

在电影《华尔街》中，戈登·盖柯（Gordon Gekko）问巴德·福克斯（Bud Fox）："你想过为什么基金经理无法战胜标普500指数吗？"的确，随着交易所交易基金的出现，基金经理和散户投资者可以直接买标准普尔或者其他指数，他

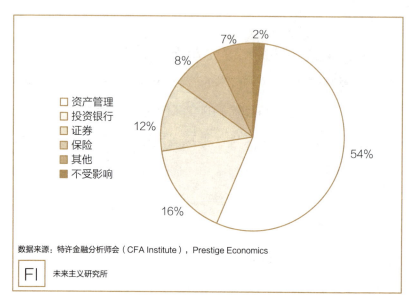

图 9-1　金融科技对理财投顾的影响

们也的确是这么做的。其中一些交易所交易基金的流动性非常强，见图 9-2。

　　与主动资产管理相比，被动资产管理方式和智能投顾更容易管理且成本更低。与主动资产管理策略相比，这些策略的成本大大降低，因为它们不再需要基金经理人为操作。另外，如

果计算机程序完成所有和策略有关的工作，包括分析、规划和
所有证券的买卖操作，那么自然就会有规模经济效应。

被动资产管理在资产管理和交易领域已经被接纳，因为这
些领域一直以来都紧跟技术变化，许多公司在使用黑匣子、算
法和技术交易策略方面已有多年经验。

过去昂贵的开销（例如市场研究的开销）将不复存在，因

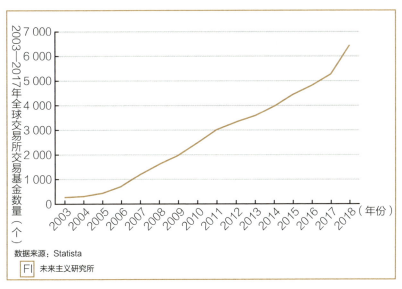

数据来源：Statista

FI 未来主义研究所

图 9-2　2003—2017 年全球交易所交易基金的数量

为未来的决策是靠计算机做出的。毕竟，计算机的交易系统不需要读报告。它们可能会关注价格曲线的变化，如根据价格高于还是低于证券长期维持的价格水平，来判断是否做出交易。

技术交易变得越来越重要。因此，分析师一直在尝试通过了解不同市场上的技术型交易的特征，从而提升其分析价值。这就是为什么有越来越多的金融从业人员想获得特许市场技术分析师（CMT）认证。我是2016年的时候获得的CMT认证，这一认证只专注技术交易的机制。本质上，你是在寻找市场上的技术交易特征。我很早以前就将这些技术性交易机制纳入了我的预测框架之内。也正是这样，我一直认为，随着被动资产管理和智能投顾的持续发展，这类交易机制将变得越来越重要。

在得克萨斯州，每个人都知道的事

2016年，当我刚开始写《机器人的工作："敌托邦"还是"乌托邦"》一书时，我觉得自己是了解自动化、机器人和未来工作的少数人之一。这是在过去几年中，我和其他高管、行业高层的一致看法。但我发现，实际上所有人都已经在思考这方面的问题——所有人都意识到了。不只是我，也不只是首席执行官，而是所有人。

我是得克萨斯州人，在奥斯汀生活和工作。现在得克萨斯州的每个人都知道奥斯汀是这里重要的科技中心。

但是大多数人不知道的是，关于未来工作的讨论甚至已经渗透到得克萨斯州的每个角落。图 9-3 的广告牌就是一个例子。

我经常和一些人讨论，问他们这幅海报在 2016 年 7 月可能会出现在哪里。我告诉他们，这则广告是我在得克萨斯州的某个机场看到的。我问他们："你们认为像智能投顾、金融科技、自动化、机器人和人工智能这些话题，会在得克萨斯州的什么地方很热门？你们认为这张 2016 年 7 月的海报挂在哪里能引起当地人的共鸣？"

有人猜是奥斯汀、达拉斯或者休斯敦。但是他们都没有猜对，这居然是来自一个并不发达的城市：阿马里洛。

其含义很明显：自动化正势不可当地朝着金融而来！

图 9-3　在得克萨斯州，机器人正代替基金管理工作

　　这是得克萨斯州人如今都已经意识到的事，你现在也知道了。

第10章

区块链

尽管区块链已有十多年的历史，但当人们谈论金融的未来时，它还是会被大家看作最重要的技术。2017 年年底，加密货币的泡沫极大地刺激了人们对区块链的兴趣，那时候的交易员会问："什么时候发月亮币？什么时候发兰博币？"

这来自下面两个问题：

– 我的加密货币价值什么时候能冲到月亮的高度？

– 我持有的加密货币何时才能付得起兰博基尼？

但是和区块链有关的知识可很多！关于区块链，人们有太多误解和困惑。

简单来讲，区块链技术就像一台内燃机。内燃机可以用在各式各样的车辆之中，同样区块链技术也是这样。

实际上，区块链是一种具有专门权限和数据共享机制的数据库，它能够对企业和社会产生巨大价值。

　　像本书中探讨的许多其他趋势和技术一样，区块链已经存在了相当长的一段时间。毕竟，第一笔正式使用区块链技术的比特币转账交易发生在 2009 年 1 月。我已经提过很多次，"这次没有什么不同"——在金融领域尤其如此。

　　数据库和记录保存已有上千年的历史。实际上，人类一些早期的著作就是为了记录交易而存在的。因此，把推动交易记录保存技术进步当成重中之重，这并不是什么奇怪的事，这方面的技术必然会不断改进。

　　另外需要注意的是，月亮币和兰博币仅在 2017 年年末才出现，商业公司在 2018 年和 2019 年才真正开始考虑区块链的部署和实际使用。这意味着对未来金融而言，有关部署和使用区块链技术、发展用于数字支付目的的加密货币的技术，将在未来几十年中不断进化。

　　加密货币未来的发展也不可能是一条笔直的线。实际上，加密货币和区块链技术最初就是为了规避传统金融系统以及 AML（Anti-Money Laundering）/ KYC（Know Your

Client）规则[1] 而存在的。

区块链与分布式网络

我们有必要介绍一些区块链的关键要点，这样有助于我们理解其用途和目的。首先要提到的一点就是，区块链在分布式网络中效果最好。

在图 10-1 中，你可以看到分布式网络大致的样子。这种分布式网络中有多个交易成员参与，这些交易也没有中心节点。这就像区域性企业所面临的情况，或者家庭成员自顾自地支出。每个节点可以发起独立的行动，并且没有中心节点用于储存所有记录。

当然，我们可以创建一系列的记录，并通过分布式网络共享。但从历史经验看，这种做法被证明是很笨拙的。

只要你曾在大型项目的电子邮件链中用过"抄送"功能，

---

1 出于保障金融安全的考虑，监管部门要求银行必须了解客户的具体信息，并监督报告他们一切可能涉及洗钱或其他违法犯罪的可疑行为，对此制定的一系列法规统称为 AML/KYC 规则。——译者注

图 10-1 分布式网络

你就会知道把所有人的信息同步更新有多么困难。另外，有时可能会有人更新了错误的文件，而这可能会使传送的信息有误。

在 2007—2009 年，我在麦肯锡公司（McKinsey）从事管理咨询工作时，我们把这方面的问题称为版本控制。这几乎是在任何项目或客户活动中都存在的主要风险。如果有人更新了错误的文件，重要的文件就可能存在不完整或被覆盖的风险。这样的话，我们就需要进行复杂的核对与审查。

这也是会计方面的一个重要问题，这就是为什么追踪财务文件对审计来说至关重要。对审计人员而言，他们需要通过适当的采样和测试来确保数据的一致性，这样就可以发现由于记录保存不当（这种问题更容易在分布式网络中）引起的各种问题。

当然，修复分布式网络的记录保存的风险，也是云计算的目的。

在云计算技术中，不同位置的人可以编辑在共享位置中更新的文档。但是，这些文档通常保存在一个集中的地址，并且它们并不一定易于跟踪记录，如谁更新了什么内容、何时更新了什么内容等这类信息。在某些方面，云计算更像一个集中式网络，具体见图 10-2，它的所有权限和数据都保存在一个位置。这就意味着网络可能容易因中心故障而变得很脆弱。

也就是说，云计算面对的风险来自中心节点，因为它的记录通常保存在某一个地方［例如 Dropbox（多宝箱）或谷歌云端硬盘］。

毕竟，如果 Dropbox（多宝箱）或谷歌云端硬盘由于技术问题而无法运行，那么你可能就无法访问文档。也就是说，

图 10-2　集中式网络

你的文档和记录保存系统可能会因外界的错误而宕机，至少现在会这样。

区块链技术不同于云计算，它经过了明确地设计，允许分布式系统中的节点接收更新的、永久的已完成交易信息。它旨在降低中心节点故障所带来的风险。

但是，接下来我们要讨论的是整个加密货币。在谈论加密货币之前，我想重申一下：区块链是一种技术引擎，它可以在永久的分布式账本中为比特币和其他加密货币提供动力，但它也可以推动许多事情。

"虎胆龙威"之加密货币

也许是因为中本聪这个听起来像日语的名字是假的，也许是因为人们使用加密货币进行匿名交易，总之我的脑海中想到了另一句日语词组：Nakatomi Plaza[1]（中富大厦）。

这也不是一个真实的名字。

Nakatomi Plaza（中富大厦）是《虎胆龙威》设定的故事地点——电影中的反派，由艾伦·里克曼（Alan Rickman）饰演的小偷兼恐怖分子汉斯·格鲁伯（Hans Gruber），在那里试图窃取无记名债券。

什么是无记名债券？

这的确是一个很有意思的话题：实际上，无记名债券现在已经不存在了。所谓无记名债券，就是谁持有它，它就算是谁的。

如果你拿着无记名债券，它就属于你；如果它不在你手

---

1 《虎胆龙威》中大厦的名字。——译者注

上，那你就不拥有它。

图 10-3 展示的就是一张美国政府无记名债券。

图 10-3　美国政府无记名债券[1]

1　图片来自 HA.com，由 Heritage Auctions 提供.

19 世纪下半叶，无记名债券在美国首次发行，但直到 1982 年才停止发行 [1]。如今这种形式的债券已销声匿迹。

为什么不再使用了呢？

一言以蔽之：反洗钱。

大多数金融界人士都知道，反洗钱（或称之为 Anti-Money Laudering，AML）是政府和金融机构采取的一系列法律举措，旨在防范和阻止恐怖分子、罪犯和其他不法分子转移、隐藏和以其他方式使用金钱。通过反洗钱措施，政府能让不法分子难以实现上述举动。

那么，无记名债券又是如何方便洗钱的呢？由于这些债券是持有人所有，而且没有赎回所需的交易账户或电子、纸质记录，因此其买卖交易是无法追踪的。

这意味着无记名债券可以用于洗钱和从事所有其他邪恶的事情。这就是《虎胆龙威》中的反派想要窃取它的原因：无法追踪，并且可以用于从事非法活动。

---

1 Farley, A.（2018）."无记名债券：从受欢迎到被禁止". 来自 Investopedia.

由于不存在任何记录，无记名债券很容易被用于非法贸易而无须担心被发现，你无须进入摩根大通，或者登录您的富达交易账户即可进行买卖。也就是说，你完全可以拿一手提箱的钱，把它转交给暴徒或恐怖分子，从他们那里换来无记名债券。

为什么无记名债券使我在讨论比特币时想到《龙胆虎威》呢？

道理很简单：比特币和其他加密货币都可以无记名使用。无须露面，而且完全匿名。加密货币就是数字无记名债券。

就像过去出现的无记名债券一样，这些数字化的无记名债券仅由拥有数字密钥的人拥有。它们可以被用于达到邪恶的目的。

随着反洗钱的推动，无记名债券几乎已经绝迹；但在加密货币这一领域，监管则是严重滞后的。比特币和加密货币还在不断涌现；尽管加密货币的广泛使用与反洗钱法相违背，但在大多数国家还并没有被禁止。

具有讽刺意味的是，非政府货币的概念来源于奥地利经济学家和自由市场主义者的构想。

然而，尽管这些自由主义者可能会支持在政府之外发行货币的自由，但如果他们的比特币被盗，他们第一时间想到的一定是警察和联邦调查局的电话。

但这一切可能是徒劳的。毕竟，尽管分布式账本上的交易是永久性的，但由于加密货币内置的匿名性，它们很难被追踪，即使改进取证工作可以帮助人们利用永久性账本上的记录来追踪加密货币的不法交易，但在交易发生时想要阻止仍然是非常不可能的。

因此，当完美的自由经济理论憧憬着加密货币带来自由时，全世界的汉斯·格鲁伯[1]——宗教极端主义组织（ISIS）、无政府主义者、政治阴谋家、有组织犯罪分子以及其他黑社会集团，都在为这些无知且天真的构想而感到高兴。

"当局者"清

幸运的是，决策者和政府已经发现了加密货币的潜在问

---

[1] 汉斯·格鲁伯为《虎胆龙威》中的反派角色。——译者注

题，他们已经注意到加密货币被不法分子当作匿名规避监管的手段。

国际货币基金组织（IMF）负责人克里斯蒂娜·拉加德（Christine Lagarde）在一次名为"恐怖主义融资：与基地组织和达伊沙的另一场战争"的会议上就加密货币发表了演讲。

在 2018 年 4 月 26 日的活动中，拉加德指出：加密货币的匿名性可以推动和资助恐怖主义。但如果能够有效利用金融科技，它也可以成为打击恐怖主义及其资金来源的强大工具。[1]

被认为是"央行中的央行"的国际清算银行也于 2018 年 6 月发表如下观点：加密货币缺乏可以置于监管范围之下的个人或法人实体。加密货币在自己的数字化领域内存在，它无国籍之分，并且在很大程度上能与现有机构或其他基础设施隔离起来运行。他们的合法所在地（如果有的话）可能

---

1 Lagarde，C（2018 年 4 月 26 日）．"基金组织负责人克里斯蒂娜·拉加德（Christine Lagarde）关于参加巴黎为恐怖主义融资的会议的声明"．来自国际货币基金组织．

在海外，或者根本就没有。其造成的结果是，加密货币只能被间接地监管。[1]

其中最大的信息点就是，加密货币存在于法律框架之外，并且其匿名性有利于恐怖主义的资助。

而就在不久之前，脸书（Facebook）宣布创建一种名为Libra 的加密货币。在美国联邦储备委员会主席杰伊·鲍威尔（Jay Powell）于 2019 年 7 月向国会提交的半年陈词中，这种加密货币是一个相当热门的话题。[2]

就目前来看，围绕加密货币还有很长的路要走。要让监管机构批准，加密货币仍需要回答许多问题。而且，没有人能保证加密货币能够获得彻底认可。

此外，任何加密货币如果试图绕开或颠覆当前占主导地位的全球金融体系，那么都很可能会在未来很长一段时间内陷入与监管对立的境地。

1　"年度经济报告".（2018 年 6 月）. 数据来源：国际清算银行.

2　Powell, J. "向国会提交的半年度货币政策报告". 来自美国联邦储备委员会.

评估区块链的未来潜力

区块链可能会造成的影响比大多数人想象的要大，但又并不像某些人想象的那么大。尽管许多人把区块链只当成加密货币，但这其实只是冰山一角——这也是我在 2017 年 3 月于西南偏南（得克萨斯奥斯汀音乐节）会议上发表演讲的主旨。

区块链对物流、运输和货运等产业供应链的影响将是巨大的。还有许多其他行业，例如金融和农业，所有权保管链和良好的记录可能会成为区块链的重要价值所在。

毕竟，区块链可以提供永久性的分布式账本，如果用于私密的商业活动，它可以保证来源、内容和保管记录即时透明，而这些通常是争端矿产、化学和贸易领域的监管要求。而从公共健康和公共安全的角度来看，这种透明性也具有重要价值，如在农产品和食品安全等方面。

区块链在许多行业和领域中对经济价值赋能的潜力是巨大的。但在各个行业，区块链的用途并不相同。而区块链最大的价值就体现在那些和供应链、风险缓解以及健康安全问题有关的地方。

流动性彰显区块链价值

区块链在流动性资产方面体现出的记录价值会高于长期资产。不论是和投资、市场、交易相关的流动性金融资产，还是物理上易于流动或变动的资产，上述结论都是成立的。这也影响着未来主义研究所（The Futurist Institute，简称 FI）对区块链在各领域中潜力的评估，具体见图 10-4。

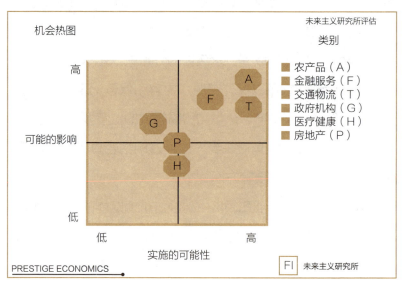

图 10-4　各领域区块链潜力评估

除了区块链使用的具体场景和流动性因素需要考虑之外，现行法规要求和主流法律框架（特别是在美国）也会对区块链在某些行业的潜在用途有所限制。所以在医疗保健、房地产和政府数据领域，区块链可能会受到更多限制。

这也解释了为什么在农产品、交通物流和金融服务中，区块链具有极大的潜力。

区块链评估：金融服务领域

作为未来主义研究所（The Futurist Institute）的主席，我指导了针对区块链在各行业的公司和商业中机遇的研究与分析。其概要见图 10-4 所示。另外，在图 10-5 中，你还可以看到未来主义研究所对区块链在金融服务领域的用途进行的更详细的评估。我们认为，总体上看区块链使用最具潜力和最大可能性的领域是贸易融资和 B2B 支付领域。

公司交易是最值得关注的领域，这一领域从财务记录保存和商业角度来看是最具价值也是最重要的。换句话说，在这些领域使用区块链可能会给大型公司以及整个经济带来巨大

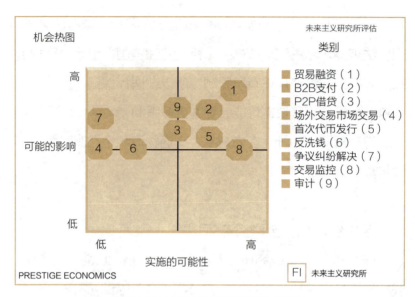

图 10-5　金融服务领域的区块链评估

价值。

　　从监督和监管的角度来看，我认为在交易监控领域，区块链有望实现其巨大潜力。但是，我并不认为这是高回报的经济活动。毕竟，这只是来自监管层面的需要，而不是必然能够对企业的运营投资回报带来正贡献。不过，减少欺诈的确能够潜在地创造价值。

第 ⑩ 章
区块链

在金融服务领域，根据我们的估计，更复杂的金融市场（如场外交易市场）会是区块链发挥作用较小的领域。在大多数情况下，理解并跟踪复杂的金融结构是相当困难的。毕竟，金融交易非常复杂，如果这些场外交易对于交易所来说过于复杂，那么它们就自然需要大量人工操作，在这种情况下，区块链可能缺少用武之地。由于这些领域能用到区块链的地方很少，因此在这些领域使用区块链对金融服务业或整个经济来说可能影响不大。

区块链也可能会在许多其他领域中使用。一个很值得关注的主题就是区块链在首次代币发行上的应用。尽管区块链本身就与加密货币紧密联系，为加密货币提供引擎，但监管上的风险对代币发行带来了挑战。

首次代币发行也被称作"获得营运收入前的首次公开募股"，首次代币发行，包括其中使用的区块链技术，可能会受到更多来自监管层的监管、阻碍或被叫停。而首次代币发行到底会走向何方，这将在很大程度上取决于仍在不断变化的监管结构。

如果首次代币发行能够证明自己符合证券法律和相关监督，那么它们可能会在未来几十年得到承认。目前，对冲基金和其他风险投资者可能会继续在加密货币领域寻求收益。但是，各类加密货币是否能够被看成一类可靠的投资资产，这一点还有待观察。

即使对于区块链在账本记录方面的前景颇有信心，加密货币的前景仍然喜忧参半。

从某些方面看，区块链似乎是一项为某些行业定制的技术，它专门针对高交易量、需要保证追踪、监管和安全的行业。这些行业包括金融、交通物流和农业。尽管区块链技术会继续发展，但加密货币（尤其是比特币）将可能面临巨大风险。

目前，区块链技术为分布式信息和知识的储存和处理提供了前景和希望，它能够降低成本，增加经济价值并防止拥有大量信息的企业、政府及个人丢失数据。这些是区块链在未来几年中可能做出的最大贡献，这也正是我出版过的书《区块链的承诺》（*The Promise of Blockchain*）所讨论的重点。

但是另一方面，区块链仍被看成一次炒作。人们将区块链技术和"兰博币"泡沫画上了等号。

区块链技术和历史上最大的投资泡沫是挂钩的。当将其用于不受管制的加密货币交易时，它可能会变成一把火（图 10-6），任由恐怖分子、无政府主义者和阴谋政治家肆意摧毁文明。

这就是为什么我认为区块链作为一种新兴的颠覆性技术有相当远大的前景，这也是为什么我也认为前景和炒作

图 10-6　摧毁文明之火

会在未来金融中继续并存。最后我想要重申的是，在未来金融中，法规和合规将成为美国和其他发达经济体采用加密货币的主要驱动力。

———

第11章

量子计算

————

量子计算将会是一种让计算能力飞跃的技术。

基本上，我们今天使用的所有计算机都基于二进制运算——由1和0组成，就像我写的书《区块链的承诺》（*The Promise of Blockchain*）封面上的数字链图像那样。在计算领域一个1或一个0称为一个比特，即二进制运算的基本单位。

但是量子计算不仅仅是1和0，或者说不仅只有"开"和"关"两种状态。在量子计算中，1比特可以处于1到0之间的其他状态（称为量子位），它们可以处于"开"或"关"，或处于两者的叠加态。

至于量子计算会带来的影响，听起来在计算过程中添加额外状态并不算什么，但其算力的指数级增长带来的影响将绝对是非常巨大的，这就是为什么它对于未来金融、区块链和其他技术来说都是至关重要的。

第 11 章
量子计算

量子计算已经被认定是一项关键的技术变革，它将对商业、科学、通信、网络安全和国家安全产生重大影响。但是，要实现真正的商业化，量子计算还面临着诸多局限、风险和挑战。

尽管某些行业将从特定的新兴技术中受益，但量子计算完全有可能以全面的方式影响广泛的行业，就像一种新型计算机。

与传统的非量子计算机一样，某些行业能从更先进的计算能力中获得超乎寻常的收益。这类最有可能受益的行业，就是需要分析大量数据的行业。

金融将可能是其中一个行业。在金融领域中，如果谁有使用量子计算机进行金融市场分析的能力，那他就能够在早期获得超乎寻常的收益。这就是为什么量子计算会出现在本书中。

但是量子计算还需要软件和硬件的进化。实际上，量子计算目前面临的最大的一项物理挑战是温度，因为真正的量子计算机需要在接近绝对零度的条件下运行。

这意味着在量子计算面前，还横跨着物理和材料科学两座巨山。

当然这并不是说在未来有一天，我们能在家中拥有一台冷却到接近绝对零度的巨型量子计算机。但很有可能在未来，你能使用量子即时服务（QaaS），利用云技术访问量子处理器。其形式可能会和现如今许多其他基于云技术的应用程序一样。

当然，你也可以使用布莱恩·拉库尔（Brian La Cour）一直在研究的模拟量子计算机技术，这种技术使量子处理器能够在室温下工作。另外，杰里米·奥布赖恩（Jeremy O'Brien）正在研究的光子量子计算机也可能颇具前景。但这些仍然与真正的量子计算有所不同。

至于真正的量子计算，那就是我们的目标。我们必定会掌握这一技术，因为我们不得不这么做。在最具价值的应用场景中，我们必须牢记的是，量子计算不仅有用，而且是必要的。数据正在以惊人的速度增长。随着数据量的增加，更多的分析方法和更好的数据处理能力将至关重要。

数据领域发生的变化，包括更多数据的创建和收集，以及所谓的大数据的出现和对预测分析和人工智能的需求，这些都

将支持量子计算的应用。实际上，量子计算将在这些领域成为
必不可少的技术。这意味着在不久的将来，量子计算可能不仅
仅具有很好的应用前景，而且会变得必不可少。

　　量子计算可能成为更广泛和深入数据分析的核心要求，尤
其是解决公司针对优化、效率和离群值识别的所谓企业 NP 难
题（多项式复杂程度的非确定性问题）。它可以帮助我们推动
对科学和医学的理解。我们很难通过面板数据来深入理解，因
为当前计算和统计处理能力是有限的。

　　当然，我们需要问出正确的问题，而且我们需要遵循一套
经过检验，成体系的数据分析流程。如果我们能做到这些，那
么量子计算可能是数据研究、科学研究和整个社会的金矿。

　　量子计算对于未来的金融也将是无价的。

　　但是，量子计算并非没有风险。它可能会给区块链技术、
加密货币和各种加密技术带来灾难性的后果。

　　许多人都意识到量子计算最具潜力的地方是破解加密，使
当前所有形式的网络安全失效。这意味着我们需要针对这些可
预见的大量威胁做好准备。但是，除了对企业、政府和个人网

络安全的影响以外，大多数人可能没有直接感受到量子计算引发的变化。

实际上，对于个人或小型企业来说，可能只有在搭载量子技术的行业软件出现之后，量子技术才会作为很有用的技术进入他们的视野。

哪些行业可能受益？

作为未来主义研究所的主席，我指导了对量子计算在各行业公司和商业中的机遇的研究与分析，具体见图 11-1。我们梳理出许多行业的相关信息，它们可能会因量子计算带来的算力提升而受益。这些行业大都需要和大量数据打交道。

我们分析的行业包括金融、政府、交通物流（如电子商务）、能源、医疗健康和农业。如图 11-1 所示，金融领域可能是受量子计算影响非常大的领域之一。

当然很多行业中量子计算的应用还只停留在纯理论的分析上，因为要想达到商用程度，可以和传统计算机结合的通用量子计算机还尚未成型。

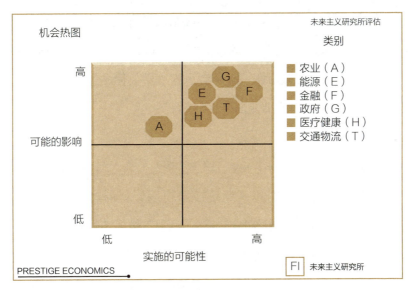

图 11-1　量子计算应用潜力评估

同样，在我们分析的过程中，我们没有考虑基础科学、工程和数学这些领域的应用。虽然在这些领域，大量的研究和科学应用也会受益于量子计算的发展，但是因为在这些领域量子计算的发展可能需要更长的时间才能影响到专业人士、企业和整个经济社会，因此在分析时我们并未考虑。

对于分析中涉及的主要行业、领域，我们密切关注其中数据分析与预测、机器学习和人工智能相关解决方案的应用。我们得出的结论是，当量子计算能够完全商用化时，其带来的算力提升可以将这些应用提高到全新的水平。借助量子计算，真正的人工智能技术实现起来会容易得多。

未来主义研究所的量子计算评估：金融服务领域

正如我之前提到的，高新技术应用场景最多的专业领域之一就是金融，在图 11-2 中，我们梳理了 11 个在金融领域中应用量子计算的场景。结果并不出人意料，因为金融领域一直就是迅速吸收前沿科技的领域，尤其是在金融交易方面。算法交易和技术交易的兴起就是明证。我的金融研究公司 Prestige Economics LLC（远望经济公司）每周都会运用算法交易研究进行技术分析。

尽管数据分析、数据预测、机器学习和人工智能都不是什么新生事物，但如果有了量子计算，金融市场分析师就能够更有效、更准确地获得预测。这将是量子计算体现高价值的应用场景。

毕竟，如果一家交易公司拥有市场上最准确且最快的交易模型，那么自然能够创造相当大的利润。金融市场上，庞大的数据量几乎是不可能靠人脑去理解的。即使是最好的模型，在整合数据信息方面也有诸多限制。但是，借助量子计算，我们分析的数据量能更大，而这将可以帮助交易者更准确地预测市场价格走势，获得更丰厚的利润。

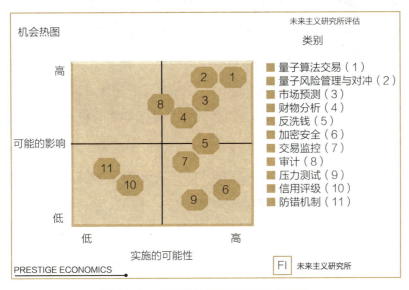

图 11-2　金融服务领域的量子计算评估

尽管量子计算在算法交易中的应用不能带来很高的社会价值，但它能直接带来高收益回报。

量子风险管理和对冲可能是与量子算法交易类似，但更具社会效益的应用场景。在这个领域，公司使用的可能是和算法交易类似的市场数据，但其目的是降低风险。企业面临各种风险，包括利率、外汇和商品价格风险。当公司没有注意到这些风险或者在这方面犯了错误，其利润就可能受到影响，甚至可能会有人因此失业。而更有效和全面的风险管理和对冲策略就能够保护公司利润，保证公司的正常运营。

在其他和金融市场有关的应用场景中，量子计算也可以用于市场预测和财务分析。具体而言，在预测或分析经济指标、市场、公司或指数时，量子计算可能会有一些用武之地。至于具体如何使用，这些领域可能不如算法交易或风险对冲那样明确，但也能找到一些相关的应用。

实际上，这四方面的应用场景都是为了最大限度地从金融市场中获得回报。它们也是最具实施可能、能产生最大影响的四个应用场景。

量子计算的其余七个金融领域中的应用场景与保护资金、监管需求或确保金融业务安全相关。

我们认为，在反洗钱、交易监控、压力测试和加密安全方面，量子计算实施的可能性较大（但影响力或获得收益回报的潜力较小）。

另外一处可实施但会造成巨大影响的应用场景是审计工作。如果能够使用量子计算对区块链上记录的大量数据进行处理，会计人员就无须挣扎于数据之中。但是，在审计中使用量子技术可能会比其他领域更晚——尽管它可能成为审计抽样和检测中极有价值的工具。

最后两个量子计算在金融领域中的应用场景的实施性不高，并且潜在价值也更低。它们就是防错机制和信用评级方面的应用。

总之，量子计算采用的叠加态并行处理方式有助于发现错误和异常情况，可以解决大规模数据中令人棘手的问题。无论是监管、审计、还是交易和预测，它都是非常适合金融领域的技术。

需求有多大？

对于大多数公司而言，在短期虽然可以为量子计算投入资金，但这不是必需的。量子计算听起来是很诱人，但它的能量可能完全超出了需要的范围。也就是说，现在我们对量子计算可能没有那么强的需求。

另外从目前来看，市面上既没有商用的有关量子计算的硬件和软件，更没有易于商用的交互界面或任何与量子计算相关的应用程序。而这些商用产品才真正能够满足个人或行业的特定需求。

但随着量子计算的发展，这些产品可能会慢慢出现。在未来十年及更远的未来，金融领域将成为量子计算最前沿的应用领域之一。

但是，与未来金融的其他主题一样，我仍然要强调的是，将技术发展置于历史背景下去思考是非常重要的。量子计算可能是科技发展关键的一大步。

但这一次没有什么不同。

第 11 章
量子计算

量子计算有可能为数据处理和计算能力带来技术飞跃，但同时也面临着蝗群式炒作的风险。炒作的投机客可能会让本来有前途的科技跌入技术寒冬。

量子计算的未来将是全新的。它不会是新一代互联网或新一代区块链。

量子计算将成为一种全新的计算方式，这对金融等涉及海量数据的领域至关重要。这就是量子技术在未来金融中变得越来越重要的原因——正如以前的计算革新一样。

第12章

网络安全

———

网络安全对于金融的未来至关重要。

正是意识到了这一点，2018 年，我在卡内基梅隆大学学习了网络安全课程，并获得了证书。在该课程结束时，我有了三点关于网络安全和未来金融的思考。

第一点叫作"可恢复性"。所谓可恢复性，是指你的公司能够在网络攻击后恢复原样。这是一个与存货能力息息相关的问题。你的公司能否在网络攻击中幸存下来，或者会就此崩溃而停止经营？一家可恢复性强的公司，能够对网络攻击做出快速响应，不会因为网络攻击中断日常运营，也不会导致客户流失。

第二点叫作"资源管理"。这一概念来自一个基本假设：你不可能耗尽所有资源去保证公司的网络安全。这将是未来几十年里金融公司面临的一项最大的挑战。

毕竟，许多高管都和我说，就算他们将运营预算中的每一分钱都花在网络安全上，仍然不能百分百地杜绝其风险和暴露。最后，公司不得不做出艰难的选择，诸如在网络安全这样不产生收入的活动之间分配有限资源。在金融领域尤为重要。

第三点叫作"攻击面"，它指的是公司可以受到网络攻击的点位。任何公司都有受到网络攻击的风险。如果公司采用的是集中式网络，那么可能更容易控制信息流并限制风险暴露。

攻击面和区块链技术

如果使用区块链技术，那么其产生的攻击面将比其他数据库更大。毕竟，区块链是多方之间的分布式账本。这意味着，如果公司使用区块链这样的系统来提高加密的安全性和记录的透明性，那么公司的攻击面也可能会增加，这可能产生意想不到的不利后果，使公司更容易受到网络攻击的威胁。

设想一下，如果你在一家公司的财务部门工作，当出现运输清单或付款信息泄露时，你很容易找相关部门的人员。的确，这种情况下存在一个中心化的风险节点，但是其攻击面很小。你知道风险来自谁。

但是，如果你在分布式网络上共享信息，你面临的风险就会更大。更多的人可以通过访问区块链获得某个敏感信息。

网络风险：与量子计算越来越相关

量子计算有可能会破坏目前区块链、比特币和加密货币的形态。

事实上，这也威胁到其他各种类型的密码学和加密数据——从电子邮件账户到银行账户，几乎所有信息都将受到攻击。毕竟从理论上讲，量子计算机最有价值的应用场景之一就是密码破译，因为它可以执行非确定性并行计算。

针对量子解密带来的威胁，一种可能解决方案来自如下理论：既然量子计算加密系统能够产生等概率的叠加态，那么量子加密技术可能会在未来达到无条件安全级别[1]。[2]

换句话说，尽管量子计算威胁到当前的加密和解密安全，

---

1 无条件安全级别指的是，即使在破译者拥有无限的计算能力的情况下，系统也能保障密码的安全性，这和目前密码学普遍处在的"计算安全级别"相对应。——译者注

2 Delfs, H., Knebl, H. *Introduction to Cryptography: Principles and Applications* [M]. New York: Springer, 2015: 343.

但它未来也可能提供应对这些威胁的解决方案和替代产品。

密码学已死！又有新的密码学诞生！

量子密码学的历史可以追溯到 1984 年。量子计算若要破解现代密码学系统，使用量子密钥分配可以为此提供解决方案。[1] 尽管量子加密具有很高的价值，但这并不意味着每个人都有立即访问量子计算机，即组合的常规处理器和量子处理器（称为协处理器）的需求。有些人肯定会先于其他人使用量子计算。

而在量子加密网络安全中最顶尖的技术，就是那些对国家安全至关重要的量子算力。这一点特别重要，因为从理论上讲，我们可以使用量子计算来解密外部通信，并保护自己的通信。

可恢复性和金融领域

国家安全领域在探索量子计算方面也许是名列前茅的，但金融领域也不会落后很多。

1　Delfs, H., Knebl, H. *Introduction to Cryptography: Principles and Applications* [M]. New York: Springer, 2015: 343.

毕竟，如果我们再仔细想想"可恢复性"这一概念，就会意识到：遭受大量安全威胁的金融公司可能会无法继续运营。对于金融来说，保护零售客户和机构客户的数据及其金融账户安全，才是一项基本的托管责任。未来，银行会成为量子解密的高价值目标。

针对可恢复性，我认为在这一点上，量子加密有望使信息更加安全。而对于金融机构来说，量子加密也会是它们至关重要的优先事项。

在美国，量子计算机发展的驱动力可能会特别强劲。如图12-1 所示，美国政府在网络安全上的人均花费居世界之最，而这还是在没有量子计算机的情况下。

而让美国政府担忧的是，中国可能在未来赢得量子竞赛。美国金融机构也应该对此感到非常紧张。

资源管理与网络安全战略

当然，金融机构仍需要考虑"资源管理"的重要性，也就是说你不可能耗尽所有资源去保证公司的网络安全。

注释：ME是指沙特阿拉伯和阿拉伯联合酋长国的数据；AS是指新加坡、印度尼西亚、菲律宾和马来西亚的数据。
数据来源：国际商业机器公司数据（IBM），Prestige Economics LLC
PRESTIGE ECONOMICS
FI 未来主义研究所

图 12-1 对抗网络攻击的人均成本

在考虑将量子计算用于公司和商业目的时，需要考虑时间、处理能力和成本等方面。量子计算听起来很诱人，但它可能不值得——量子技术不代表一切。但量子计算对金融公司可能是至关重要的。

同样，政府在考虑量子计算开支时也是一个道理。从目前来看，无论是从政府支出的角度，还是从其相关经费占美国国内生产总值的百分比的角度，专用于网络安全的资源一直在增加。

从图 12-2 中可以看到，美国政府在网络安全方面的支出预计还会增长。从图 12-3 中可以看到，网络安全支出占美国国内生产总值的百分比也一直在增长。除了国家安全对网络安全的影响外，意识到美国已经投入大量资源来抵御网络攻击也

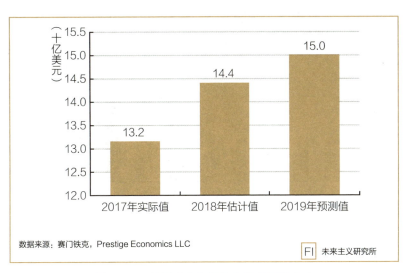

数据来源：赛门铁克，Prestige Economics LLC

 未来主义研究所

图 12-2　美国政府在网络安全方面的支出

很重要。美国现在担心中国首先实现量子优势，而欧盟现在担心的则是量子计算中的"美国优势"。

我们很难说量子计算是否会引发一场全球网络安全的军备竞赛，因为在没有量子计算之前，网络安全的竞赛就已形成。

这就是政府和公司（尤其是金融机构）要花费大量资金并在网络安全上投入大量资源的原因。

图 12-3　网络安全支出占美国国内生产总值的百分比

攻击面

从经济角度来讲，如果存在大面积的网络威胁，那整个经济就将成为攻击面，而金融机构将吸引大量火力。对目前的攻击面来说，大多数常规网络攻击都通过有效加密措施和网络安全保护机制被阻挡。

但是，一旦量子网络攻击成为可能，大部分攻击面就会变得很脆弱。量子攻击的实质性破坏能力将是过去网络攻击的数倍。

不允许失败

在未来，大部分公司，尤其是金融机构，需要快速地利用量子加密技术，保护自身免受量子网络攻击。要实现这一目标，这些公司必须现在就开始转向量子加密的研究，甚至要抢在量子密码学形成之前完成研究。如果它们被甩在后面，其后果可能是灾难性的。

一位《纽约时报》的科学作家指出，量子计算与传统计算之间的区别就像核电与火力的区别。如果把量子技术当成核能看待，其风险将变得更明显：没有什么比量子计算风险更高的技术了。

谁会占据优势？

2019 年年初，我在纽约进行了一次演讲。面对来自各个金融机构的首席信息官（CIO，Chief Information Officer），我与他们分享了本书中讨论的许多主题。令我惊讶的是，对我分享的关于未来的看法，他们感到非常烦恼，所以我只好多讲讲首席信息官和首席信息安全官（CISO，Chief Information Security Officer）在未来金融中会多么关键，以此平复他们的心情。

我的说法引起了很多共鸣，因为我说的是事实。

未来某一天，金融公司可能只有很少的交易员、分析师和资产经理。但是，随着金融变得越来越数字化，首席信息官和首席信息安全官的重要性将会提高。实际上，他们很可能是未来整个金融世界里工作最有保障的专家。

第13章

智能投顾

智能投顾是所有针对非机构投资者的自动化交易程序和投顾服务的统称。依赖智能化服务，基于技术、算法或黑匣子模型，计算机就可以管理交易。数学和算法就是智能投顾的基础。

从某种程度上看，智能投顾是被动型资产管理的另一种形式。但是，智能投顾服务的对象有散户投资者，而这可能会是一个大问题。

几年前，我和一位同事给几个智能投顾机器人打电话，因为销售代表鼓励我们使用他们的智能投顾平台。我们使用的感受是，没有人清楚这些投顾机器人如何运作。

如果我们询问有关策略的问题，电话那头的机器人不知道多头基金和多空基金之间的区别。另外，还有一些机器人把目标型基金和黄金基金混为一谈。

即使到了 2017 年年底，我和美国金融业监管局（FINRA）

的一些人交谈时，他们还都对我说，尽管那年美国股市几乎是持续上涨，但针对智能顾问的投诉和官司数量仍在增加。

这就引出了一个问题：在市场低迷时智能投顾领域会发生什么？

从我的角度看，2007—2009 年的金融危机让很多人对金融机构失去了信任。他们转向寻求科技手段，而不愿意相信专业人士。但是，他们显然对技术抱有过多的信心。而且，从我个人的体验看，与客户建立联系的投顾机器人可能缺乏有效执行财务计划的能力和知识。

这意味着未来智能投顾领域可能充满坎坷。每当金融市场出现下滑时，智能投顾可能会使散户投资者出现很多损失，一些集体诉讼也可能随之而来。

但是从更长远的角度看，我认为数字市场仍将不断成长和壮大，个人对自己的决定有更多的控制权，同时也承担更多责任。但是，这并不意味着我们可以盲目依赖技术，而无须依赖专业人士的管理。现在智能投顾行业还普遍存在对技术盲目依赖的问题。

当金融市场下一次出现重大下滑时，我们会明白一些机构投资者早已清楚的道理：并非所有基金或基金顾问都是一样的。那些在金融市场低迷时名列前茅的基金或投顾，将可能主导现在仍然分散的智能投顾领域。

第14章

人工智能的偏见

———

世界上有不少市场观察家预言"机器人末日"将会来临。

这些"先知"对未来的预言是黯淡的,他们称计算机将失去控制,破坏整个世界,我们每一个人都无法幸免。这是所有"机器人末日"电影的灵感来源(例如《终结者》)。尽管这些说法并非全错,但整体关于"机器人末日"的观点还是相当极端的。

但不幸的是,只要我们看看几年前微软的惨痛教训,"机器人末日"的阴影就会浮现。微软曾尝试通过 Twitter(推特)数据训练其人工智能项目 Tay。在不到一天的时间里,Tay 学会了非常糟糕的东西,如种族主义、狂热的反犹太主义及其他未经审核的仇恨言论。

自然,该项目很快就被叫停了。这件事已经过去了几年,我估计再次公开进行类似的人工智能项目可能还需要花费一些时日。从那以后，我们再也没有见过这样的项目了。

计算机可能失去控制，这会是未来的一个大难题。这一难题也使得项目管理和远程监控的重要性日益凸显。

计算机程序在未来可能对人类造成伤害，甚至成为某种意义上的数字暴徒，尽管人们在金融领域对这方面的担忧很少，但对算法和技术交易平台进行监控的需要，在现在和未来会是至关重要的。

此外，从法律的角度来看，金融机构使用人工智能将可能会受到严格的监管，以确保历史偏见不再继续存在。这种偏见可能在过去的系统和数据中根深蒂固，随着人工智能的偏见而留存下来。

想象一下，如果有一个基于人工智能的借贷机构，其人工智能算法是根据历史数据对个人抵押和借贷做出判断，而历史数据又是基于过去贷款歧视和根深蒂固的种族歧视得到的。本质上，金融机构使用过去那个时代的数据，将会使那些不好的政策延续下去。在某种程度上，错误数据作为信息源很可能"污染"了机器学习和预测分析模型，而模型又是该金融机构用于人工智能构建的基础。

此外，该机构可能会因此陷入民权诉讼的争端之中。即使没有人刻意做出支持贷款歧视的判断，但计算机程序可能在决策中使用了此类数据，并强化了这些政策。

毫无疑问，围绕人工智能决策的诉讼将在未来数十年内发生。

对于金融机构而言，它们将在未来形成风险。

我还预计，在金融机构和许多使用人工智能程序的其他组织中都会发生这类诉讼。它们可能广泛地影响机构的运营和管理，无论是贷款决策、业务实践，还是供应商选择与人力资源管理。

在撰写本书时，欧盟已经采取了重大措施来防止人工智能程序出现此类问题，有效地限制了人工智能程序在未来借贷和财务决策中能发挥的作用。

如你所见，虽然未来金融将涌现出更多自动化服务，但更多的法律风险也会随之出现。这意味着金融机构必须在内部进行成本效益分析，以确认在考虑法律风险的情况下，人工智能是否能够真正为它们省钱，并产生足够大的价值。

———

第 3 部分

长期风险

SECTION III LONG-TERM RISKS

第15章

美国国债与公民应享权益

第 15 章
美国国债与公民应享权益

就美国未来的金融体系而言，不断攀升的美国国债（以下简称"美债"）成了最大的金融挑战。所有的经济学家、联邦公开市场委员会，包括美国联邦储备委员会主席都警告称，高债务水平很可能对长期经济增长率产生负面影响。但这些警世之论基本都被置之脑后，只有专家学者才在不断重复着这些无人相信的预言。[1]

美债正变成一个日益严重的问题。美债规模大约有 22.5 万亿美元，这绝对不是一个小数目了。事实上，如果把这么大规模的美债平摊来算，就意味着平均每位美国人，包括妇女和孩子，都需要承担 68 300 美元的债务。

这显然是一大笔债务！

从图 15-1 中我们可以看到，美债的增长还在加速。美

---

1 Powell, J. 美联储主席鲍威尔于 2019 年 7 月在国会面前指出了这种风险："向国会提交的半年度货币政策报告."来自美国联邦储备委员会.

债首次涨至超 1 万亿美元发生在 1981 年 10 月，算下来花费的时间为 205 年；而仅仅过了不到 5 年，美债规模就从 1 万亿美元翻倍到了 1986 年 4 月的 2 万亿美元。而最近一次美债规模翻番，就出现在最近的一次经济周期之中——发生于 2007—2008 年美国金融危机之后。[1]

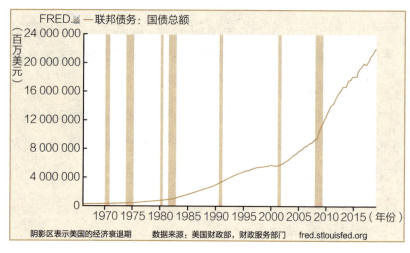

图 15-1　美国国债总额

1　美国财政部. 财政服务，联邦债务：公共债务总额［GFDEBTN］，数据来自圣路易斯联邦储备银行（FRED）.

美债与美国国内生产总值的比例变化尽管不如美债规模的增长趋势那么明显，但从 2007 年 12 月的金融危机算起，这一比例也已经飙升不少，具体见图 15-2。

高债务水平所带来的一项主要负面影响就是，它会拖慢以国内生产总值衡量的未来美国经济增速。而且，债务水平会因为其不断增长的复利，在原来已经未偿还的政府债务的基础上加剧债务敞口。

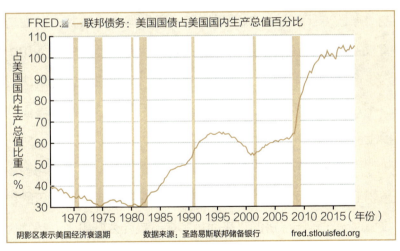

图 15-2　美国国债占美国国内生产总值的百分比

虽然也有一些分析师指出，美债与国内生产总值的比例仍然要比很多国家低，但我们要注意的一点是，美国经济体已经是目前世界最大经济体。这也就是说，不断增长的美国债务会越来越难被世界经济所吸收。

2017 年税收改革的背景

2017 年通过的美国税收改革，曾被赞誉为是"这代人前所未有的"减税措施，但这份赞誉已成过去时了。尽管税制改革改变了税法、纳税限度和税级，但该立法并未解决应享权益问题，也从未讨论过工资税。然而，要解决美债和国内生产总值长期增长面临的最大风险，这取决于如何解决资金不足的应享权益支出问题，以及采用何种措施遏制美债规模上涨。

为了保证不断上升的公民应享权益的开销，工资税可能会急剧上升，这反过来就会加重工人、个体经营者和临时工的税收负担。对美国经济的未来而言，这不是什么好事。

如果不对公民应享权益体系进行改革，日益高筑的政府债务水平和人口结构的变化可能会使债务利息增长、工资税上升。此外，更高的债务水平和更高的工资税将会促使商业活动转向自动化，往后留给人们的工作岗位可能会越来越少。如果没有积极的方法应对现状，美国劳动力市场、经济和社会将变得难以维系。

自称是财政保守派的美国共和党，在如今控制参众两院和白宫的同时，也并没有解决这些问题。这使我非常担心未来十年这些问题会导致怎样的后果。而且有一件事似乎是可以肯定的：2020 年总统大选也不太可能改变这些问题的走向。

债务风险

美国国债增长的问题在于它会使利率水平上升。毕竟，随着政府债券的供给增加，其价格将下降（与所有市场一样）。对债券而言，其价格下跌时，利率上升。这意味着，往后美国债务的净利息支出会越来越多。用于付利息的钱占国内生产总值的比重将越来越大，这对美国国内生产总值的长期增长显然是不利的。

债务水平和债务占国内生产总值比例将很可能在 2020—2024 年继续上升，而经济衰退的风险则加剧了这种可能性。即使没有经济衰退，美债及美债占国内生产总值的比重也会在当前总统任期内大幅上升。

而公民应享权益开销正是与日俱增的债务的主要来源。不幸的是，虽然美债规模已经很大了，但因公民应享权益导致的资金缺口比美债还要多得多，并且在未来几年有可能会加剧美国的债务问题。简而言之，公民应享权益过大的开销在未来将对美国政府债务水平和美国经济增长构成最大威胁。

公民应享权益

美国的公民应享权益包括医疗保险、医疗补助和社会保障，由工人的工资税来添补。工资税与个人所得税是分开的，虽然所得税税率随财政政策调整而下降，但工资税却一直在上涨。正如我们看到的，应享权益的资金严重不足。

世界上所有主权债务总计约 60 万亿美元。[1] 这是所有国家累计持有的债务。但是，美国公民应享权益的资金缺口规模可能是这个数字的三倍以上。没错，医疗保险、医疗补助和社会保障的表外债务可能高达 200 万亿美元。[2]

如此高筑的表外债务水平正在切实地威胁着美国经济。美国传统基金会（Heritage Foundation）已根据美国国会预算办公室的数据推算出应享权益的债务规模。从图 15-3 中看出这是相当具有灾难性的。基本上到 2030 年，所有美国税收收入都将被应享权益和国债利息耗尽。而且这些令人沮丧的计算结果都是根据税制改革之前的规则得出的，并没有考虑美债最近因预算加大而更快增长的情况。

2030 年并非多遥远的事，倒计时已在嘀嗒作响。

尽管公民应享权益的问题非常严重，但不要期望在 2020 年总统大选期间或之后它能被认真地解决。

---

1 Desjardins, J.（2015 年 8 月 6 日）."一图看懂 60 万亿美元世界债务 ."来自 Visual Capitalist.

2 Mayer, J.（2015 年 11 月 18 日）. 来自 "The Social Security Facade".

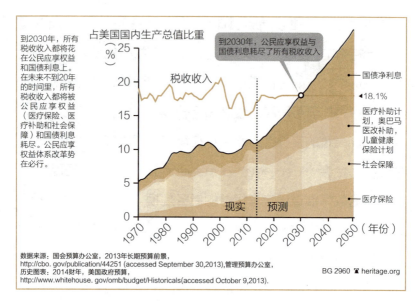

到2030年，所有税收收入都将花在公民应享权益和国债利息上。在未来不到20年的时间里，所有税收收入都将被公民应享权益（医疗保险、医疗补助和社会保障）和国债利息耗尽。公民应享权益体系改革势在必行。

占美国国内生产总值比重（%）

25

税收收入

20

到2030年，公民应享权益与国债利息耗尽了所有税收收入

国债净利息

18.1%

15

医疗补助计划，奥巴马医改补助，儿童健康保险计划

10

社会保障

5

医疗保险

0

现实　预测

1970　1980　1990　2000　2010　2020　2030　2040　2050（年份）

数据来源：国会预算办公室，2013年长期预算前景，
http://cbo. gov/publication/44251 (accessed September 30,2013)，管理预算办公室，
历史图表，2014财年，美国政府预算，
http://www.whitehouse. gov/omb/budget/Historicals(accessed October 9,2013).

BG 2960 ☎ heritage.org

图 15-3　花费在公民应享权益上的税收支出

美国社会保障的先驱

公民应享权益的部分问题可以追溯到公民应享权益的由来。美国社会保障管理局网站上把奥托·冯·俾斯麦（Otto Von Bismarck）当作美国公民应享权益的奠基人。俾斯麦的画像甚至出现在美国社会保障管理局的官网上。

俾斯麦（图 15-4）是一位强大的政治家，他以现实政
治主义而著称，这是一种基于实用主义的政治主张，这一主

图 15-4　社会保障的奠基人——奥托·冯·俾斯麦

张将国家自身利益放在第一位。对俾斯麦而言，当时采用公民应享权益是权宜之计。不幸的是，现在的情况已不如从前。如今，公民应享权益可能使债务水平增加，削弱美国经济。

如果再不对权益体系进行改革，那么未来美国的劳动力将会大大减少。

俾斯麦当时建立的体系是可持续的。他为 70 岁以上的德国工人提供了退休金。但 19 世纪 80 年代末，德国民众的平均预期寿命仅为 40 岁。[1] 换句话说，很少有人能享受福利，对应的费用支出也是可以忽略不计的。

俾斯麦借助应享权益，没有付出任何代价就粉碎了他的那些政治对手。但是，美国当前的应享权益制度是一个没有资金准备的表外负债，它有可能压垮整个经济并导致劳动力市场被机器人替代的灾难。另外，许多美国人严重依赖这一

1　Twarog, S. Heights and Living Standards in Germany, 1850-1939: "The Case of Wurttemberg" as reprinted in *Health and Welfare During Industrialization* [M]. Chicago: University of Chicago Press, 1997: 315.

体系获得收入，这给完善公民权益系统制造了严重的困难，具体见图 15-5。

但是这一体系是如何崩溃的呢？为什么俾斯麦就能发展得非常顺利，这之中发生了什么呢？

用一个词来回答这些问题，那就是：人口学。

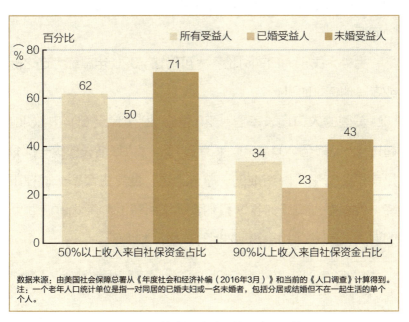

图 15-5　社会保障对受益人的重要性

人口学

美国人口增长急剧放缓，这种转变似乎已经势不可挡。另外，伴随着出生率下降，预期寿命反而增加了。这使公民应享权益的资金缺口更大。更糟糕的是：任何一位总统、参议员或国会议员都无法改变美国的人口结构。这远不是一个人能解决的问题。

另外，关于人口的讨论不太可能在 2020 年总统大选之际或者其他选举时进行。

美国的人口增长率已从 20 世纪 50 年代至 60 年代初的超过 1.5% 降至 2011 年以来的 0.7%。[1] 人口增长放缓一部分是美国生育率下降造成的。总体上看，全球生育率一直在下降，但根据人口统计学家乔纳森·拉斯特（Jonathan Last）的说法，美国的生育率仍然相对较高，为 1.93。[2]

---

1 世界银行，美国人口增长 [SPPOPGROWUSA]，数据来自圣路易斯联邦储备银行（FRED）.

2 Last, J. *What to Expect, When No One's Expecting: America's Coming Demographic Disaster* [M]. New York: Encounter Books, 2013: 2-4.

根据拉斯特的说法，尽管与其他工业化国家相比，美国的总生育率相对较高，但仍低于维持人口稳定所需的 2.1% 这一"黄金比率"。[1]

这对维持公民应享权益来说是一个巨大问题。毕竟，公民应享权益制度在 1940 年确实运作良好，当时每 159.4 名工人才会有 1 位受益人（见表 15-1）。但到了 2013 年，事情就变得棘手了：这一数字降至 2.8。而到 2040 年时，预计每 2 名工人就会有 1 位受益人。[2]

公民应享权益陷入了两个方面的困境：出生率下降了，预期寿命却上升了。

除了较低的出生率以外，美国的预期寿命从俾斯麦在 1889 年在德国实行这一政策算起，已经增加了一倍——从 40 岁左右提高到了 80 岁以上。另外，美国公民应享权益的享有年龄已从 70 岁降低到 65 岁。除了有更多的人有资格获

1　Last, J. *What to Expect, When No One's Expecting: America's Coming Demographic Disaster* [M]. New York: Encounter Books, 2013: 2-4.

2　同上，第 109 页。

得公民应享权益外，支撑老龄化人口所需的医疗费用也有所
增加。

表 15-1　受保工人与社会保障受益人的比例 [1]

年份	受保工人（千人）	受益人（千人）	比例
1940	35 390	222	159.4
1945	46 390	1 106	41.9
1950	48 280	2 930	16.5
1955	65 200	7 563	8.6
1960	72 530	14 262	5.1
1965	80 680	20 157	4.0
1970	93 090	25 186	3.7
1975	100 200	31 123	3.2
1980	113 656	35 118	3.2
1985	120 565	36 650	3.3
1990	133 672	39 470	3.4
1995	141 446	43 107	3.3
2000	155 295	45 166	3.4
2005	159 081	48 133	3.3
2010	156 725	53 398	2.9
2013	163 221	57 471	2.8

---

[1]　数据来源为美国社会保障局。

如果美国人口增长异常强劲，那这一切都会好起来。但事实并非如此。而且现任政府还在努力减少来到美国的非法移民。虽然这能在某种程度上有益于社会和经济发展，但同时也会降低人口增长速率和出生率。

人口增长速率已降至不足婴儿潮时期的一半，同时美国的总生育率低于维持人口所需的"黄金比率"。正如拉斯特指出的那样："本质上，社会保障就是一个庞氏骗局。像所有庞氏骗局一样，只要有源源不断的新加入者，社会保障体系就可以正常工作。"[1] 不幸的是，这一体系已接近临界点。

出生率下降带来的一个大问题是税基减少，同时没有资金支持的债务还在增加。这意味着，未来公民应享权益 200 万亿美元甚至更大的资金缺口，将会由越来越少的工人负担。随着人口老龄化不断加剧，美国还面临着另一个问题：工作由谁来做？答案很简单：把工作交给机器人吧。

---

1 Last, J. *What to Expect, When No One's Expecting: America's Coming Demographic Disaster* [M]. New York: Encounter Books, 2013: 2–4.

工资税与不断缩小的美国税基

当税收收入不足时，政府通常需要提高税收。也就是说在不久的将来，工资税有可能会显著提高。人口增长放缓可能会加速美国税基减少，尤其是为公民应享权益提供资金的工资税将会大幅减少，这将使美债和社保资金缺口加剧上升。种种迹象最终会使提高工资税变得合情合理。

但，又是谁在支付工资税呢？

工资税由员工与雇主共同分担，雇主和员工各支付一半。这意味着，如果提高工资税，那么雇主的用工成本也会增加。这样一来，就形成了雇主的经济激励，最终会加快自动化生产对劳动力的替代。

如果为了解决公民应享权益的资金缺口而上调工资税，雇主就会出于经济角度考虑将工作从依赖人工转向依赖科技。我有许多客户都向我表达过他们对工人医疗费用上涨风险的担忧。

你觉得雇主对支付更高工资税有何感受？说到底，他们也付了一半的钱。

自动化

对于美国人口增长放缓和老龄化问题，自动化能成为一种解决方案。自动化有望为美国经济增长做出重大贡献。

尽管自动化能解决美国的一些人口问题，但它有可能加剧某些公民应享权益方面的问题。未经改革的公民应享权益体系会给美国经济造成过度自动化的巨大风险。想想看，员工最重要的福利有些什么？你可能会想到休假或病假吧。

但你的雇主可能首先想到的是昂贵的开销：工资税和医疗费用。自动售货机和机器人不需要休假，也不需要医疗健康费用，还不需要缴纳工资税——至少暂时不用缴。

2016 年年中，西班牙的失业率约为 20％，青年失业率约为 43％。[1] 因此，有很多人都处在待业状态。但就在 2016 年夏季，西班牙巴塞罗那机场的汉堡王餐厅使用了自助服务机。

---

1 全球经济指标（Trading Economics）. 来自西班牙失业数据.

就像欧洲的大部分地区一样，西班牙的人员雇用成本比美国高得多。自助服务机不需要工资税、医疗保险费用、公民应享权益、休假和病假。自助服务机逐渐取代工人，青年失业率就不可能有太多改善。这一幕也同样会发生在美国青年身上，失业率会一直攀升。不要忘记：快餐机器人（以及其他机器人）时代即将到来。

企业家的风险

公民应享权益开支和工资税上涨还可能扼杀企业家精神。对个体经营者来说，他们没有雇主与其一起分担工资税，需要自己承担所有工资税。目前的工资税税率是收入的 15.3%。[1]未来随着税率加速上涨，个体经营者因为没有雇主和他们分担工资税，其工资税压力将会变得很大。如果没有对公民应享权益体系进行彻底改革，那么到 2030 年，25% 的自雇税率并非是不可能的。

---

1 数据来自美国国税局。

越来越高的自雇税率可能会扼杀企业家精神并挫伤个体经营者的积极性。根据皮尤基金会的一篇文章，个体经营者占所有职业者的百分比从 1990 年的 11.4％下降到 2014 年的 10％。[1] 皮尤基金会指出，更重要的一点是美国有 30％的工作是由个体经营者以及他们雇用的人创造的。[2] 换句话说，2014 年有 1 460 万名个体经营者，他们还雇用了 2 940 万名工人，占美国劳动力总数的 30％。

随着税基缩小，公民应享权益的缺口变大，自雇税率将会随之上升。

这些额外的费用支出很可能进一步导致自由职业者占比持续下降。另外，在所谓的零工经济中，工作人士也要缴纳自雇税。随着工资税增加，零工经济在未来会变得更加不稳定。

随着人口的进一步老龄化，公民应享权益的资金缺口加大，过度激励自动化可能性增加，劳动力参与率也处于危险范围之中。

---

[1] 数据来自皮尤研究中心。

[2] 同上。

劳动力参与率衡量的是适龄人口中正在工作或正在寻找工作的人所占百分比。可以预计，随着年轻劳动力在市场中被年长工人和自动化设备挤出，年轻劳动力就业率将继续下降。

其他表外权益支出

税收激励增加了工人被自动化机器挤出市场的可能。另外，200 万亿美元的公民应享权益缺口还并未考虑美国联邦、各州、各县和市政府雇员的养老金数据。其中有许多人的养老金账户也是有巨大缺口的——这一切都亟须改革。养老金的资金缺口会促使自动化挤压劳动力，也会为机器人创造工作机会，而不是为人类创造工作机会。

有个老笑话说，日子最好过的汽修工是退休了的汽修工。如果不进行公民应享权益体系和福利计划改革，这个笑话可能会被改写为"日子最好过的美国人是退休后的美国人"。这会影响到所有美国人，因为没有资金来源的表外债务可能会导致政府和私人养老金福利大大减少（尤其对未来一代来说），但他们的供款压力却进一步上升。这些问题将会像滚雪球一样越滚越大。

总结

美国不断上升的债务水平对经济增长构成长期威胁。至于2017 年的减税措施，尽管共和党对该计划制定了诸多管理政策，但减税措施依然是不平衡的。

作为一名经济学家，我认为减税是好的。但同时我也认为更多债务是坏的。不幸的是，2017 年的税制改革既减了税，也导致了更多的债务。

另外，特朗普政府当前任期内的最新预算还包括大幅增加美债。这意味着，如果特朗普再次当选的话，他可能会继续增加未来债务。

从长远来看，出生率下降、寿命延长、医疗成本增加、劳动参与率下降以及过度激励自动化，这一切都可能会加剧美国公民应享权利体系的问题——要知道，在这一体系运行最好的那个年代，享受福利的年龄比当时预期寿命高了 30 岁。

但是，在 2016 年总统大选、2017 年税制改革以及 2018 年中期选举时，公民应享权益制度被忽略了。接下来很长的时间内它还会被忽视，2020 年总统大选应该也会对此避而不谈。

公民应享权益的未来

政客们不过是想玩"我不看，我不听，我不说"的把戏，但并不代表着问题就不存在了。

实际上，大量没有资金来源的表外债务（对应于公民应享权益）最终可能会破坏稳定的西方金融体系，扼杀经济增长，并引入不稳定因素，最终会破坏民主制度本身。

一些阅读此书的人可能会认为我的观点是在危言耸听。我也希望这是危言耸听，但很可惜它并不是。

没人愿意解决如此大的资金缺口。最终解决这一问题的过程，可能会非常痛苦，而且它来得可能比许多人预期的要早，比如就在下一个十年，甚至更早。

这意味着，到 2030 年，工资税税率可能会接近 25%。

这对在美国的职工、公司和股权市场都将造成不利影响。

从全球范围看，这些问题在某些欧洲国家更加严重。也就是说，这些我们一直忽略的问题，可能会严重影响全球经济和商业增长预期，尤其是在以消费驱动的服务型经济体中，退休人员收入大幅下降和加征适龄工人的工资税将构成恶性循环。

对于未来的经济和金融市场来说，这些风险的影响不容低估。

———

中央银行的资产负债表

第 16 章
中央银行的资产负债表

———

金融危机之后最大的一项挑战就是：如何在经济前所未有地放缓之时，有效地刺激经济增长。中央银行扩表成了美国联邦储备委员会、英格兰银行（英国的中央银行）、欧洲中央银行、日本银行（日本的中央银行）和其他中央银行为保持其经济发展共同采用的关键解决方案。

在我们思考金融的未来时，我们一定要知道，中央银行资产负债表不断扩大的趋势已经开始，并且这一趋势在未来还会继续。

中央银行能够凭空印钱购买各种资产，从抵押贷款证券（MBS）到国债，从国债到公司债和股票。但这一做法会令人感到不安。它的确非常有效，因此在未来中央银行很可能会继续这一行为。毕竟，如果刺激有效，为什么不做呢？

这种现象支持了一些支持加密货币的经济论点。

实际上，第一个比特币交易（通常称为"创世纪"区块）

中包含以下消息：

《泰晤士报》于 2009 年 1 月 3 日报道，财政大臣正处于再次为银行纾困的边缘。[1]

英格兰银行进行了多次救市，其资产负债表规模在 2007—2012 年扩大了 300%，从大约 940 亿英镑扩大到超过 4 000 亿英镑，如图 16-1 所示。

英格兰银行并不是唯一采取此类措施的银行。欧洲中央银行也在大幅扩表。欧洲中央银行将其资产负债表从 2008 年 1 月的 1.3 万亿欧元扩大到 2012 年 6 月的 3.1 万亿欧元。接着，从 2012 年 6 月到 2014 年 9 月，欧洲中央银行又将其资产负债表缩减了大约三分之一 ——从 3.1 万亿欧元降至 2.0 万亿欧元。

然而在缩表期间，欧元区经济放缓，欧元区制造业采购经理人指数也显著放缓。欧元区持续衰退的风险增加。由于经济急剧放缓，欧洲中央银行改变了立场，反过来又迅速扩大了资产负债表，到 2019 年 6 月，其资产负债表增加至近 4.7 万亿

---

1 "创世区块"．维基百科．比特币维基页面．

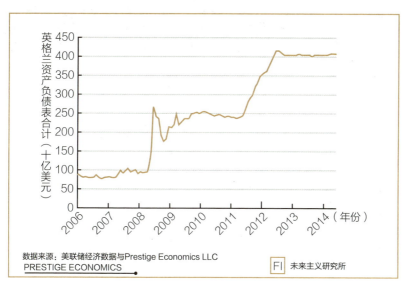

数据来源：美联储经济数据与Prestige Economics LLC
PRESTIGE ECONOMICS ● FI 未来主义研究所

图 16-1 英格兰银行资产负债表

欧元，具体见图 16-2。

　　中央银行的扩表操作是降低利率、间接刺激金融和经济增长的一种极端手段。在扩表阶段，中央银行可以通过购买政府债务、抵押品、债券或股票的方式来实现资产负债表增长。当然，每个中央银行都会采取略有不同的方法进行操作。

　　日本中央银行的扩表操作最为激进，其量化宽松措施包括

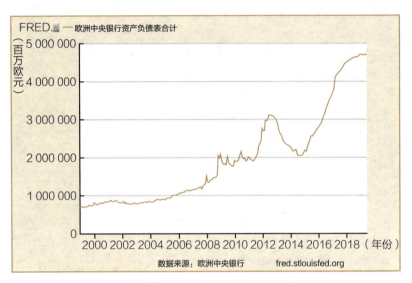

图 16-2　欧洲中央银行资产负债表

大量购买日本的房地产投资信托基金（称为 J-REITs）以及日本的交易所交易基金（ETF），具体见图 16-3。换句话说，日本银行一直是日本股票的大买家。

如图 16-4 所示，日本中央银行在 2010 年没有任何交易所交易基金产品，但到 2011 年 3 月，日本中央银行持有的交易所交易基金价值已增至 1 850 亿日元。到 2016 年 9 月，

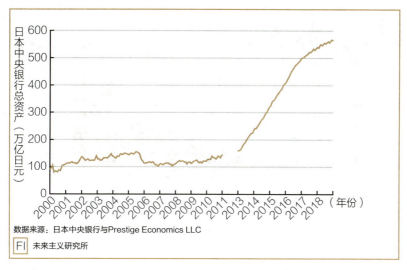

数据来源：日本中央银行与Prestige Economics LLC

FI 未来主义研究所

图 16-3　日本银行资产负债表 [1]

其持有价值已超过 11 万亿日元。2018 年 9 月，日本中央银行拥有的交易所交易基金价值近 29 万亿日元。现如今，日本中央银行已成为许多日本上市公司的大股东。

　　这种情况此前从未发生过，而且十分危险，它迫使我们直面中央银行的困境：日本中央银行要如何从股市中脱身？日本

1　此图原书未提供 2012 年数据。——译者注

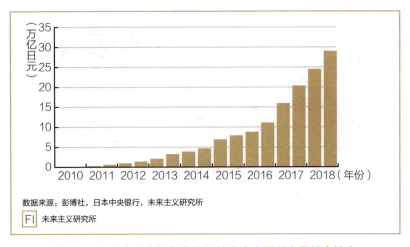

数据来源：彭博社，日本中央银行，未来主义研究所

FI 未来主义研究所

图 16-4　日本中央银行资产负债表中交易所交易基金持仓

中央银行能否出售其持有的股票？其他中央银行会不会陷入类似的困境？我们很难预测如果日本中央银行抛售股票，日本股市究竟会发生什么。而其他中央银行似乎也很快会走上购买股票的这条路。

美国联邦储备委员会（以下简称"美联储"）

为应对金融危机后放缓的经济，美联储开始购买抵押贷款证券，以降低抵押贷款利率并刺激美国的楼市活动。美联储还继续买入美国国债，进一步降低利率水平，尽管当时美联储已将联邦基金利率降至接近为零。

美联储将其资产负债表从 2008 年 1 月约 9 000 亿美元增加到 2015 年 1 月的约 4.5 万亿美元峰值。但是美联储并未购买股票或公司债，但不排除它可能会在未来这样做。目前来看，美联储的重点是要降低其资产负债表水平。其资产负债表目前规模仍超过 3.8 万亿美元。但未来，预计美联储可能会再次扩大其资产负债表（如图 16-5）。

从 2017 年 10 月开始，美联储正式推行政策，通过减少将到期的抵押贷款证券和国库券再投资，降低资产负债表规模。但是，与欧洲中央银行在 2012 年至 2014 年间缩减资产负债表不同，美联储只是以非常缓慢的速度在缩减资产负债表。在我看来，其部分原因是吸取欧洲中央银行的灾难性经验，美联储决定在降低资产负债表规模时特别谨慎地操作。

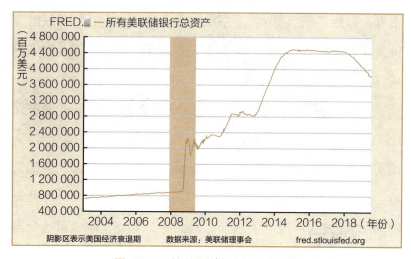

图 16-5　美联储的资产负债表规模

量化宽松的未来

即使美联储一直在缩小其资产负债表，资产负债表仍会在很长一段时间内保持在历史高位附近。而且资产负债表规模可能在未来还会进一步扩大，而不是降到 2007 年 12 月至 2009 年 6 月的经济大萧条以前的水平。

美联储的扩表操作在刺激美国经济方面非常有效。换句话说，量化宽松政策是有效的。这意味着美联储将来可能还会再次扩大其资产负债表。

此外，在 2016 年怀俄明州杰克逊霍尔举行的堪萨斯城联储年度盛会上，当时的联储主席珍妮特·耶伦（Janet Yellen）指出："在我看来，前瞻性指导和公开市场操作仍将是联储政策工具的重要组成部分。"

她进一步补充说："未来的政策制定者可能会探索购买更广泛资产的可能性。"[1]

换句话说，美联储不仅可能在未来再次进行量化宽松，而且还可能购买更多不同种类的证券。尽管美联储在 2017 年和 2018 年采取政策收紧措施，但未来可能会再次放宽。

中央银行资产负债表与加密货币

中央银行资产负债表的扩大，从根本上推动了不受中央银行控制的比特币和数字货币经济。目前，我们还不能清楚判断

---

1 Yellen, J.（2016 年 8 月 26 日）."美联储的货币政策工具包：过去，现在和未来". 来自美联储.

欧洲中央银行和英格兰银行扩表操作所带来的影响。

但是显而易见的是，中央银行已经尝到了量化宽松的甜头，中央银行可以花本来并不存在的钱，获得了凭空购买资产的能力。

从会计角度来看，如果资产价值到期并从资产负债表中剔除，这没有问题。但是，日本银行资产负债表的情况并非如此，其资产负债表包含大量股权资产。

当我们展望金融和量化宽松的未来时，我经常说的一件事是，未来每一次周期性经济下滑时，各国的中央银行都会继续扩大其资产负债表。

只要他们都这样做，就不会对外汇汇率产生重大影响。毕竟，如果每个人都在玩这样的游戏，那么就很难有一个彻底的赢家或输家。

如果条件允许，他们都会继续量化宽松这个游戏。

美国未来经济的"量子态"

以上描述的状况最终可能会形成我称为未来经济的"量子

态"。美联储在每次经济低迷期间都动用大量资金购买更多资产，它的资产负债表将会像滚雪球那样越滚越大。

如果按美联储前主席耶伦的说法，美联储最终会像其他中央银行一样购买多样化的资产，包括企业债务、股权等一切资产。那么随着每一次周期的来临，作为"最后购买人"的中央银行将变得越来越重要，于是整个美国经济变得"大而不倒"。

随着公民应享权益开支和利息缺口变大，美国国债上升，这也将成为一个极其具有挑战性的难题。

一种可能出现的最坏情况是，在经历了数十年的循环后，中央银行最终将持有经济体内的几乎所有资产。它会用自己创造的资金来偿还债务、购买抵押贷款证券、国债、股票甚至资产负债表上任何有形资产，而这些资金完全是无中生有的。

可以说在这种情况下，我们的经济就处于"量子态"：中央银行拥有一切，但本质上却一无所有。

那时我们将面临天大的难题。

未来十年，各国中央银行如何重塑信心，证明自己不会走上这条路，将变得至关重要。

———

第17章

普遍基本收入

普遍基本收入（universal basic income，UBI，也可称作"无条件基本收入"）这一概念指的是，每个人不管是否工作，都将获得某个固定收入。普遍基本收入最大的问题在于，人们根本负担不起。正如在第 15 章中所看到的那样，美国公民应享权益可能已经有高达 200 万亿美元缺口，不可能再把这一权益扩展成给所有公民提供无条件基本收入。

大卫·弗里德曼（David Freedman）在《麻省理工学院技术评论》（*MIT Technology Review*）上发表过一篇文章，据他计算，如果政府每年向每位成年美国人发放 10 000 美元，那么财政支出至少要比当前的福利体系及其间接开支高出一倍，这将每年给美国增加 1 万亿~2 万亿美元的财政赤字。[1] 弗里德曼还指出，可以扩大现有社会保障体系的覆盖

---

1 Freedman, D. "Basic Income: A Sellout of the American Dream." [J]. 2016: 52.

面来帮助消除贫困，这种方法可产生同样的效果但支出要低得多，同时政府持续专注于提供就业机会和激励人们就业。[1]换句话说，现有的社会福利计划可能比提供普遍基本收入更好。

费用以外的风险

普遍基本收入除了成本太高难以克服以外，它还存在四个主要问题：通货膨胀会随之加剧；税收会随之增加；长期的经济发展可能会受到抑制；社会可能会更割裂。

欧洲的态度

图 17-1 展示了一项几年前的调查结果，可以看到大部分欧洲人表示支持普遍基本收入。尽管调查结果展示出了民众对普遍基本收入的热情，但截至目前，普遍基本收入的想法还没有在任何一次公民正式投票中获得通过。可以说，目前还没有

---

1 Freedman, D. "Basic Income: A Sellout of the American Dream." [J]. 2016: 53.

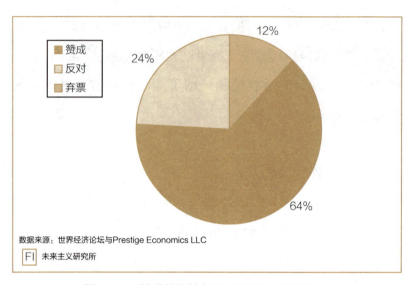

图 17-1　赞成普遍基本收入的欧洲人投票情况

一个国家投票通过这一政策。

　　普遍基本收入的整个想法带有浓厚的收入再分配色彩。也许这就是为什么大部分欧洲人会认为这是一个有吸引力的选择——毕竟欧洲拥有比美国更丰富的政治历史。但是，普遍基本收入在欧洲获得支持，有更大的原因是支持这一政策的受访者实际上并未完全理解它，具体见图 17-2。

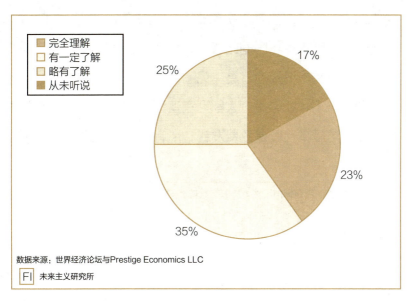

图 17-2　熟悉普遍基本收入的欧洲人投票情况

接下来让我们讨论一下普遍基本收入除了会影响预算外，还会带来哪些风险。

通货膨胀
通货膨胀是指随着价格上涨，持有的货币会失去购买力。

换句话说，通货膨胀就是指价格上涨而货币价值下降的现象。自从 1979 年 6 月美国同比通货膨胀率达到峰值后，通货膨胀率一直以来都是下降的，具体见图 17-3。

想象一下，如果每个人都拥有普遍基本收入，美国将会发生什么？这基本上就是免费发钱，所有人都能得到这笔钱。如

图 17-3　美国消费者物价指数变化率

果每个成年人都因无所事事而得到政府援助，那么咖啡、汽车、衣服或食物的价格将变成什么样？如果每个人每年不用做任何事都能获得相当于本田汽车价格一半的收入时，本田汽车会卖多少钱？

其结果显而易见，价格会上涨。较高的通货膨胀率对资产持有人和债务持有人有利，但对持有固定收益的人群尤其不利。

固定收益投资包括公司债券和国债，以及社会保障和固定收益的养老金。考虑到普遍基本收入会带来通货膨胀的风险，人们一旦获得普遍基本收入便会开始支出，商品价格随之上涨，而固定收益投资价值将会降低。

随着价格上涨，人们需要更多的普遍基本收入，以抵销通货膨胀造成的价值损失。反过来这又会进一步提高商品价格，证明进一步提高普遍基本收入是必要的，依此循环。那么，普遍基本收入为多少就足够了？事实上，一旦我们走上普遍基本收入的道路，无论多少钱都可能不够。未来的"印钞机"可能会以前所未有的速度，以数字化形式为普遍基本收入发行新货币。

温和而稳定的通货膨胀水平有利于经济增长，而高通货膨胀会使经济陷入不稳定。如果物价迅速上涨，就像 20 世纪 20 年代初德国恶性通货膨胀时那样，到最后人们可能会用一文不值的纸币为房屋贴墙纸。再举一个最近的例子：在津巴布韦，纸币的面额可能是数万亿津巴布韦币。

我并不是说，普遍基本收入就一定会让我们走上 20 世纪 20 年代德国或现在津巴布韦的道路。

但我也没说不会。

税收会增加

美国用当前的财政预算付不起普遍基本收入，也无法负担每年额外 1 万亿 ~2 万亿美元（以当前价值计算）的国债，因此需要从其他地方获得普遍基本收入的资金。美国可以直接发国债，但这意味着债务增加。毕竟，美国不能偷偷摸摸地印美元钞票，然后把普遍基本收入像圣诞礼物一样，趁人们睡着时偷偷放到人们家中（虽然大多数人想的就是这样）。要真是这样，你现在就该囤牛奶和饼干了！

如果要严肃地说，美国只有一种获得普遍基本收入所需资金的方法：税收。美国可能采用更高的工资税，更高的公司税，更高的财产税，或者是创造一些新的税收，例如机器人工资税。但可以肯定的是：税收会增加。

无论你如何看待普遍基本收入，有一件事我们一定能达成共识：公司（和个人）会对税收变化做出反应。如果为了实现财富再分配而实施更高税率，享受福利的人却无须付出劳动或从事生产，这将会导致技术研发、投资和经济活动的激励降低。

机器人工资税

关于机器人工资税的争论日益激烈，包括比尔·盖茨（Bill Gates）在内的许多企业领导人都表示支持这种政策。但是界定哪些工作可以称得上"机器人工作"是一个难题。对机器人和计算机征税吗？对硬件和软件都要征税？那么智能手机和 Microsoft Excel[1] 呢？

有关机器人工资税的争论不太可能会消失，但是具体到如何实施以及相关税收分配的问题，可能会变得很复杂。机器人工资税是那种政策制定者慢慢才会密切关注的事情，特别是当大量工作被机器人淘汰的时候。

我们当然可以把征收的机器人工资税用于履行医疗保险、医疗补助和社会保障这些公民应享权益。毕竟，这些权益现在也是由工资税来支撑的。但是就算征收机器人工资税，政策制定者也可能不会把它用于保障公民应享权益。因为把钱都花在应享权益上了，那么普遍基本收入能用的资金可能就不多了。

尽管我对机器人工资税和普遍基本收入的概念持怀疑态度，但政治世界总是这么一回事：如果你抢了彼得的钱给保罗，你就可以指望保罗为你投票；而在我们的讨论中，彼得就是那个没有投票权的机器人。因此，保罗会拿到钱的。

1　微软办公软件。——译者注

美国公司所得税

2017 年美国税制改革，其中一部分内容就是降低美国公司所得税税率。这一系列改革对公司利润、投资和经济都具有刺激作用。但同时，想要在未来大幅提高公司所得税税率，从而为每个美国人提供普遍基本收入的举措，可能会遭到强烈抵制——也会有公司外逃的风险。美国公司可能会大规模逃离本土，避免因普遍基本收入被征税。

当然，美国可以选择科技公司征税，但是科技公司在创造就业机会上拥有 5 倍的乘数效应。[1]

想用征公司所得税的办法提供普遍基本收入的做法，只会吓跑那些能够为社会额外提供 5 倍岗位的公司。

美国个人所得税

实现普遍基本收入制度的另一种方法是对那些工作的人征

1　Moretti, E. *The New Geography of Jobs* [M]. New York: Mariner Books, 2013: 13.

税。是的，每个人都能享有普遍基本收入。但是，那些从工作中获得报酬的人，会为其他人承担普遍基本收入的花费——即使这些人不工作、不想工作或从未打算工作。

工作者甚至要为那些只想在游戏的虚拟现实中度过一生的人承担普遍基本收入的开销。这就涉及我们接下来的主题，那就是到底普遍基本收入体系会给长期经济发展带来怎样的负面影响。

死亡和税收——至少税收少不了

在结束本章之前我想说：人的一生只有两件事是确定的——死亡和税收。像佐尔坦·伊斯特万（Zoltan Istvan）这样的单身主义和超人类主义者甚至会说，未来不一定会有死亡，将来你可能会永生。但是，税收仍将是确定的。

如果实行普遍基本收入制度的话，税收必定也会更高。

长期的负面经济影响

美国在工业革命期间即钢铁时代开始时，工厂摧毁了铁匠、织布工等众多职业。

当然，工业革命期间有过非常糟糕的时候，其中普遍存在着对劳动力的虐待，包括滥用童工、恶劣的工作条件和工人保护的缺乏。

这促成了工会的建立，并引发了劳动改革。诸如周末、节假日和带薪休假之类的事情都源于工会的发展。将工作环境向更加人性化的方向推动，现如今看来也是成功的。

这些问题被不断改进，虽然不完美，但是社会得到了改善，经济得到了发展。

那时，美国人在美国乡村生活被完全替代，新职业的出现也变得至关重要。而且，获得更高水平的大学教育机会有助于培养出更多的医生、新闻工作者、律师和其他专业人员。另外，许多领域和行业都取得了长足的进步，这对社会产生了非常积极的影响。

但如果当时，人们只留在乡村并得到了救济，那会发生什么呢？

中世纪的全民基本收入

想象一下，如果在 19 世纪欧洲君主决定将钱捐给铁匠、磨坊主和织布工，让他们不用再工作了，那么欧洲的情况会如何？如果在 19 世纪末，这些手艺人设法从美国政府争取到了普遍基本收入，美国经济将会如何？

恐怕这会使得经济严重下滑，并且发展受阻、增长缓慢。

面对如此消极的后果，为什么人们现在又谈论起普遍基本收入了？

普遍基本收入不能帮助个人弥补技能差距。它只是通过扔钱来逃避问题。但是这样做会绕过资本主义经济的适应过程，并削弱经济增长的长期潜力。这也是在讨论普遍基本收入时我们需要考虑的问题。如果每个人都得到援助，经济将不再适应发展，一切都会停滞不前。

更重要的是，把普遍基本收入作为解决失业一劳永逸的方式，还需要付出个人的代价。如果在 19 世纪末，人们因为社会变化、工作不复存在而得到了报酬，如果那些铁匠、铣削工、制革商和织布工从此什么都不做，将会发生什么呢？他们是否会觉得自己一无是处？那时社会将会发生什么？如果人们什么都不做，仅靠普遍基本收入维持生计，社会将会变成什么样？

德国牧羊犬

尽管随时间推移，许多工作都会被淘汰，但我坚信人类是需要做一些事情的，而闲暇无事的一生并不一定就能带来纯粹的满足感。的确，能有很多年的闲暇时光也是好事。但是你想不想知道为什么亿万富翁会继续工作？因为他们就像德国牧羊犬一样。

我认识的大多数人，包括我的家人、密友甚至熟人，都让我想到德国牧羊犬。他们喜欢做事。他们喜欢忙碌和充实。任何一位养过或见过德国牧羊犬的人都知道，如果德国牧羊犬没有事情可做，它们就会无聊到摧毁自己房子里的家具。我的基本信条是，没有足够事情可做的人也会撕碎自己的生活，他这么做只是为了避免感到无聊。

当然，退休人员获得应享权益是另外一回事了，因为他们的身体机能已经没有那么活跃了。而对年轻人来说这完全不同。年轻人需要有事可做。越来越多的机器人和自动化可能会成为未来的挑战。如果没有方法让人们保持身心活跃，社会将会面临风险。这是人们尚未想到的威胁，当然也没有人谈论这件事。

一个没有工作的世界，一个只靠普遍基本收入维系的世界，甚至会威胁整个社会的存在。这也自然会影响金融领域。

正如卡普兰（Kaplan）在他关于机器人和未来工作的书《我们不需要人类》（*Humans Need Not Apply*）里面指出："金钱不是工作的唯一理由。人们喜欢感觉到自己对社会是有用的。他们除了养活自己和家人外，还乐于为他人的福利做出贡献。大多数人能从帮助他人、增强自我价值感以及赋予生活目标和意义中获得满足。"[1]

我一直都说，忙碌令人快乐。我读到过 2017 年 2 月发表

---

1 Kaplan, J. 2015: 184–185.

在《大西洋月刊》上的一篇文章，它进一步强化了我的这种想法（图 17-4 是文章中的一幅插图）。[1] 另一位《大西洋月刊》的作者指出："工作的悖论在于，许多人讨厌工作，但如果让他们无所事事，他们会比现在悲惨得多。"[2]

主观上的时间速度

压抑的时候　　忙碌的时候

数据来源：《大西洋月刊》与Prestige Economics LLC

FI　未来主义研究所

图 17-4　忙碌使人快乐

1　图片由 Adobe Stock 授权.

2　Thompson, D.（2015 年 7 月 /8 月）."没有工作的世界"，来自《大西洋月刊》.

普遍基本收入的奠基人

1989 年柏林墙倒塌，1991 年苏联解体，此后西方国家宣布：资本主义已经击败了共产主义。但是历史的观点会随着时间而改变。毕竟，欧洲有很多历史学家现在都承认，第一次世界大战和第二次世界大战的实质是一场战争，只不过是两次武装冲突之间有很长的停战时间。我不得不认为我们只是又一次陷入了停战时期。毕竟，如果实行普遍基本收入才真正使美国走到了历史的终点线，那么冷战的"终结"不过是资本主义和社会主义的第一回合较量，资本主义仍然可能会最终失败。我并非空口而谈，而是读过马克思、恩格斯、列宁、卢森堡和托洛茨基等人的著作。

他们的一些著作，并不像某些硅谷高管在谈论后资本主义的"机器人乌托邦"所使用的语言那么激进。虽然俾斯麦被视为美国社会保障制度的先驱，但卡尔·马克思（图 17-5）在普遍基本收入方面的奠基人地位还应该被进一步认识。

维持普遍基本收入的成本会很高。普遍基本收入可能导致

图 17-5　普遍基本收入的先驱——卡尔·马克思

通货膨胀、企业外逃、高昂的税负、长期停滞的经济以及个人
和社会生活的破裂。普遍基本收入并不可行，我们必须主动适
应变化。

普遍基本收入的政治热度

我第一次写关于普遍基本收入的内容，是在《机器人的工作："敌托邦"还是"乌托邦"》一书中。之后，我又与普遍基本收入的支持者进行了多次交流。

这期间发生了许多令人不愉快的事。

"免费的午餐"听起来是相当诱人的。我在 2017 年年初曾预计，在美国，认可普遍基本收入制度的人将在未来几年急剧增加。当时我就指出，普遍基本收入可能是未来二十年中最热门的政治问题之一，甚至很可能在短期内成为美国总统选举的关键问题。

这种判断如今已被证明是正确的。

2019 年，已经有一位美国总统候选人开始吹捧普遍基本收入的概念，这是他总统竞选的主要口号。就目前来看，它暂时还没有成为大多数候选人的主流口号。

但我预计它不久就会发生。

虽然美国经济负担不起这些开销，但免费发钱一定会吸引到许多人的追捧。

到那时，普遍基本收入的支持者可能会说："全世界非工作者联合起来！"

我们需要抵制免费发钱的诱惑，因为这只是一项虚假承诺，最终它可能使整个经济陷入瘫痪。

然而不幸的是，在未来十年乃至更远的将来，普遍基本收入可能会成为美国和全球范围的话题。

———

第 4 部分
全球大趋势
SECTION IV　GLOBAL TRENDS

第18章

金融科技的
全球优势

———

金融科技在人口层面能够对经济产生的最大影响，并不在于能够让那些发达经济体中已享受金融服务的个人能看到低成本与易用性方面的边际变动。它在全球范围内最广阔的前景在于普及化，让更多人使用金融。

金融科技未来最大的价值可能还是体现在新兴市场。在新兴市场中，金融机构和投资一直都是有限度的开放。

如果你居住在美国或其他经济合作与发展组织（简称"经合组织"，OECD）成员国，你可能很难理解新兴市场中有大量的人没有银行账户——其实就算在美国，也有一些人没有享受过金融服务。虽然听上去难以置信，但这是真的。

在全球范围内，有 17 亿成年人没有银行账户。此外，根据世界银行的统计，这些人中约有一半生活在 6 个国家：孟加拉国、印度、印度尼西亚、墨西哥、尼日利亚和巴基斯坦。

即使在美国，也有 840 万个无银行账户的家庭。根据联邦存款保险公司的数据，美国有大约 6.5% 的家庭完全没有享受过银行服务——当然，他们也没有任何类型的银行账户。

此外，美国还有 2420 万个缺乏银行服务的家庭。根据联邦存款保险公司的数据，这部分家庭占美国所有家庭的18.7%。这部分家庭拥有支票或储蓄账户，但还在银行系统之外获取金融产品和服务。[1]

这也就是说，即使在美国，也有 3 300 万个家庭（占美国所有家庭的 25.2%）要么完全没有享受过银行服务，要么依然缺乏银行服务。

扩大全球金融渠道的主要手段之一，是使用手机绑定功能，让那些有手机但无银行账户的人能够享受银行服务。根据世界银行的数据，三分之二没有银行账户的成年人都有手机。以手机为媒介，使用金融科技解决方案触达没有银行账户的人，这有望增加拥有银行账户的人数。

国际货币基金组织在 2019 年 6 月的一份报告中指出，金融科技正在"对全球金融服务产生影响"，并且称"移动支

1　"2017 年 FDIC 对于无银行服务及缺乏银行服务的全国家庭调查"．来自联邦存款保险公司．

付已成为早期的关键领跑者，它将对金融的普惠性质产生深远影响"。该报告明确指出，非洲在过去的金融成就中，已经把"移动支付的快速增长作为实现金融普惠的驱动力"。[1]

世界银行在 2017 年的报告中也强调，在非洲，移动支付正在大规模普及和采用。如图 18-1 所示，使用手机银行账户

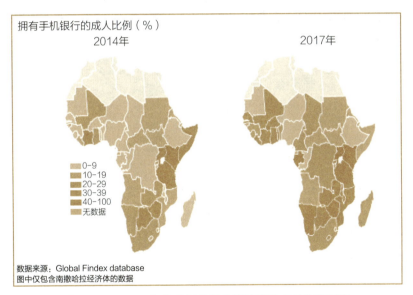

图 18-1　2014 年和 2017 年非洲的移动支付分布对比

---

1 "金融科技：迄今为止的经验".（2019 年 6 月 27 日）. 来自国际货币基金组织.

的成人比例在撒哈拉以南地区迅速上升。

　　当展望金融科技的未来时，我们的目光聚焦于欠发达地区那些没有使用银行服务或者只使用过少量银行服务的人。未来金融就是让这些人接触银行、投资以及支付。无论是想要通过研发或收购进军金融科技的传统金融服务公司，还是专注金融科技的新兴公司，进军这 17 亿人口的巨大市场会是头等重要的事。

———

第19章

环境、社会和治理与可持续性

　　未来金融的一大趋势是：环境、社会和治理（ESG）目标将会与可持续性发展结合在一起。这种趋势已经持续了数年，并且在未来十年甚至更长久的未来，这种趋势还将继续加速。

　　2018 年，不少激进投资者倡议在一些领域推动变革，包括气候变化（19%）、可持续（13%）、其他环境问题（7%）和政治活动（19%）等领域。[1] 具体的细分领域可以从图 19-1 中看到。如果我们将可持续性、气候变化和其他环境倡议都算环保倡议，那么可以看到在 2018 年，在所有激进投资者提交的倡议中，有 39%（多数）与环境有关。

　　我可能需要说得更谨慎一些。我并非对这些提议做出价值判断；我只想说，环境相关的倡议在 2018 年成为越来越多投资者所关注的方面，而且这种情况可能会变得越来越普遍。

1　Welsh, H.（2018 年 11 月 9 日）．"2018 年：关于社会、环境与可持续治理（ESG）的股东倡议"．来自证券交易委员会，可持续投资研究所．

环境、社会和治理将在金融中变得越来越重要。

简单来说，激进投资者通常是大型投资者，他们会利用股东权力推动公司对经营方式进行根本性改变。

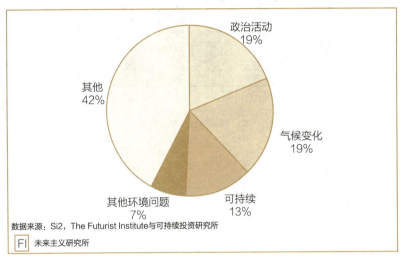

图 19-1　2018 年激进投资者的提议类型

激进投资者的活动正在增加。实际上，2013—2018 年，全球受到激进投资者控制的公司数量增长了近 54%，具体见图 19-2。

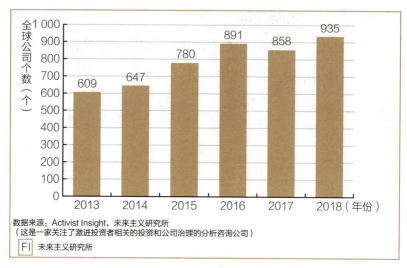

图 19-2　受激进投资者控制的全球公司

在美国的情况非常相似：自 2013 年以来，受到激进投资者控制的美国公司数量增加了 50% 以上，具体见图 19-3。

展望金融的未来，我预计激进投资者的需求（及其影响的公司数量）会不断增加，这种趋势可能会继续保持。

任何一名经济学专业的本科生都知道，公司通常会从有成本但无须公司承担的事情中获益。这些不用公司承担而是转嫁

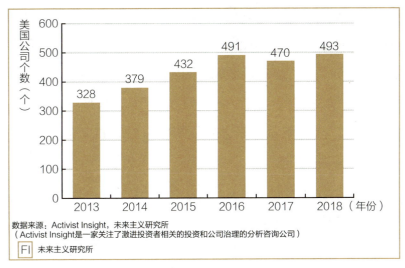

图 19-3　受激进投资者控制的美国公司

给整个社会的成本称为外部性。外部性包括企业运营对环境可能造成的任何负面影响。另外，外部性也可能是公司利用某些劳动力、社会或政治的低效，从中获取套利机会而攫取超额收益。

因此，促进公司对外部性承担责任并非什么新鲜事。毕竟，这不过是大多数经济学本科生的第一课。

但其关键在于把公司带来的外部性完全算进成本里，可能会侵蚀某些公司的盈利能力。而且这可能仅仅是开始。评级机构已经开始警告某些在能源领域的公司，其可持续性目标（或缺乏可持续性目标）可能会影响债券价格和加权平均资本成本（即 WACC）。[1] 这反过来可能会影响其盈利能力、总体估值、信用评级和股票价格。

公司在未来将越来越需要证明其可持续性和其他环境、社会和治理目标。如果不这样做，他们可能就会受到来自激进投资者的压力。他们的盈利能力和股价可能都会受到很大影响。

---

1 来自激进投资者因缺乏 ESG 监督而向埃克森美孚董事会施加的压力."埃克森美孚的目标是缺乏对 ESG 的监督."（2019 年 5 月 11 日）. 来自全国公司董事协会.

第20章

贸易的重要性

民族主义政治有引发贸易孤立的风险，甚至可能会严重影响全球供应链。我们已经开始看到一些苗头，在美国尤为明显。

目前全球经济的一个主要风险是，各国为保护国家利益，将国家利益置于国际利益之上而采取额外的贸易管制。对于美国和其他经济体而言，这方面风险将会继续存在。

对国际货币基金组织而言，这种贸易风险在 2018 年就已经是相当危险的信号。原因是 2017 年全球强劲增长大部分都可以归因于强劲的全球贸易。如果贸易冲突持续，甚至进一步扩散，那么全球总体经济增长的下行风险将会增加。

要正视全球经济的风险，2015 年没有人将这类贸易风险当作任何主要风险看待。事实是，即便在 2018 年很少有分析师正视它——即使在宣布美国"232"[1]和"301"[2]条款之后，他们还是没有把它当回事。

在过去的一年半中，股票市场常常因为贸易风险而受到重创。市场通常会因关键技术指标变化而下跌，而基本面的贸易风险引发的抛售行为会使得技术指标发生变化，从而导致技术性抛售。

当然，股票市场通常会出现反弹。这种影响和下跌时类似，当基本面出现看涨信号后，市场推高并形成技术面看涨信号，从而引发技术性反弹。简而言之，贸易的不确定性增大了市场波动性。

当我们考虑贸易对未来金融的重要性时，我认为最重要的是认识到，全球经济增长对全球贸易是高度敏感的。如果全球贸易环境存在高风险，那么全球经济也会面临减速、不稳定甚至衰退的宏观风险。

1　232 条款是指 1962 年的贸易扩展法第 232 节授权美国商务部负责对特定进口商品进行全面调查以确定该进口商品对美国国家安全产生的影响。

2　301 条款是指《1988 年综合贸易与竞争法》第 1 301—1 310 节的全部内容，其内容是保护美国在国际贸易中的权利，对其他认为贸易做法"不合理""不公平"的国家进行报复。

自 2007—2009 年金融危机以来，到本书出版之时，美国经济经历了历史上最长的经济繁荣。但是，贸易战可能会大大削弱未来经济的发展前景。

正如伯南克（Ben Bernanke）于 2019 年 1 月 4 日在与美联储主席鲍威尔、美联储前主席耶伦的座谈会上指出的那样，商业周期不会因时间久而消亡，它只可能毁于外界因素。换句话说，经济扩张通常会因为忽略了某些因素，产生了对经济体系的冲击而结束。贸易是当前周期中极大的风险。在未来，贸易可能仍然是全球金融和经济增长的关键因素——正如过去一样。

第21章

未来金融已来

———

　　我写本书的主要目的是分享我对未来金融的看法，包括对市场、技术、风险和全球变化等的看法，讨论各种因素在未来十年乃至更远的将来如何发挥作用。

　　希望读过本书之后，你现在对金融服务、金融科技和金融市场中最关键的风险和机遇有所了解。

　　已经成型的趋势将是颠覆性的，其对于个人、公司和整个行业的影响将会席卷而来。对行业而言，最具颠覆性的影响，也许会是未来的金融公司的构成。

　　简单来说，未来会有更多的人专注于技术，而从事传统金融服务的人将大大减少。这将影响银行、保险、理财以及其他金融领域。你可以从图 21-1 中看到金融科技对金融服务工作的影响预测。

　　在我写过的许多书中，我都提到，在当前和未来的颠覆性创新时代中，能够生存下来并不断发展的公司将成长为核心技

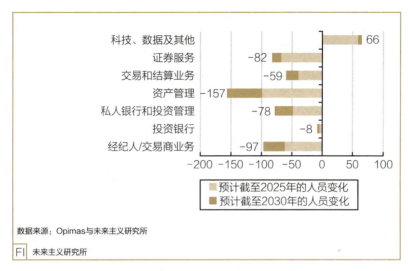

科技、数据及其他   66
证券服务   -82
交易和结算业务   -59
资产管理   -157
私人银行和投资管理   -78
投资银行   -8
经纪人/交易商业务   -97

-200   -150   -100   -50   0   50   100

■ 预计截至2025年的人员变化
■ 预计截至2030年的人员变化

数据来源：Opimas与未来主义研究所

FI 未来主义研究所

图 21-1　预计截至 2030 年的金融机构裁员人数

术公司。这似乎也是金融服务的前进之路。

从历史上看，教育程度决定了人们的工作是怎样的。在图
21-2 中，你可以看到，根据美国劳工统计局 2018 年以来对
失业和收入进行统计得到的数据，教育与收入呈正相关，而与
失业呈负相关。换句话说，平均而言，你受的教育越高，赚的
钱就越多，失业的风险就越低。

展望金融的未来，可以预计的是，教育将仍然是影响就

业能力和工资的关键决定因素——即使金融世界出现了动荡和大规模的就业重组也会如此。但是，未来的工作机会可能会在各种不同的领域出现。人们需要学习更多以技术为中心的新技能，从而推动自己的职业发展。

值得一提的是，金融业某些高端领域将仍然是相对封闭的生态。如图 21-2 所示，在这样的生态中，教育和其他专业成

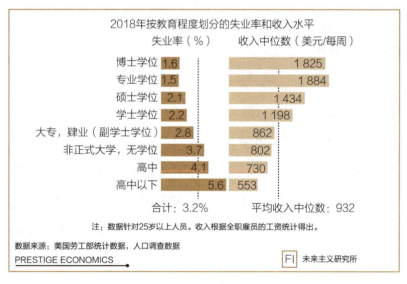

图 21-2　教育、收入和失业

就将成为你职业的关键竞争力。换句话说，在金融的某些领域中金融科技将无法替代。

下一步

未来金融充满机遇、风险和挑战。但是，现在的你已经了解了未来十年推动金融服务、金融科技和金融市场发展的重大趋势，你完全可以行动起来。

每个人都是自己命运的主人。是否领先于其他人，这取决于你如何行动。如果你行动起来，会有丰厚的回报等着你。毕竟，在金融领域，任何微小的改进就能带来金钱，而且现在你已经了解得足够多了。

未来金融已来！

杰森·辛克（Jason Schenker）是未来主义研究所主席，远望经济公司（Prestige Economics LLC）总裁，还是著名的金融市场未来主义者。根据彭博新闻社的排名，自 2011 年以来杰森·辛克在 25 个领域中的预测令人惊异，其中包括他对原油、天然气、欧元、英镑、瑞士法郎、人民币、黄金、工业金属、农产品、美国非农就业数据、美国新房销售的预测。

杰森·辛克撰写了 17 本书，还编纂了两本年鉴。他有 5 本书一直是畅销书，包括《大宗商品价格 101》(*Commodity Price 101*)、《抗衰退》(*Recession-Proof*)、《选举衰退》(*Electing Recession*)、《量子技术：全新的计算方式》(*Quantum: Computing Nouveau*) 和《机器人的工作："敌托邦"还是"乌托邦"》(*Jobs for Robots: Between Robocalypse and Robotopia*)。他还编辑了畅销书——《机器人与自动化年鉴》，包括 2018 年以及 2019 年的年鉴。杰森·辛克还是彭博新闻社的专栏作家，他曾担任彭博电视台的客座主持人，还参加了美国消费者新闻与商业频道 CNBC 和其他媒体的客座节目。他的观点经常被《华尔街日报》、《纽约时报》和《金融时报》等媒体引用。

在创立 Prestige Economics LLC 之前，杰森·辛克曾在麦肯锡咨询公司担任风险专家一职，负责六大洲的贸易和风险管理。在加入麦肯锡咨询公司之前，杰森·辛克曾在美联银行担任经济学家。

杰森·辛克拥有北卡罗来纳大学格林斯伯勒分校的应用经济学硕士学位、多明内兹山加州州立大学的谈判学硕士学位、北卡罗来纳大学教堂山分校德语硕士学位以及弗吉尼亚大学的历史学和德语学士学位。他还持有麻省理工学院的金融科技证书、麻省理工学院的供应链管理执行证书、北卡罗来纳大学的专业发展研究生证书、哈佛法学院的谈判证书以及卡内基梅隆大学的网络安全证书。

杰森·辛克是特许市场技术师（CMT）持证人、能源风险分析师（ERP™）持证人、注册估值分析师（CVA）持证人、注册金融理财师（CFP）持证人和 FLTA™（未来专家和长期分析师认证）持证人。杰森·辛克还是领英学习的指导老师。他的课程包括金融风险管理、审计和尽职调查。

杰森·辛克是得克萨斯州商业领袖委员会的成员，该委员会是得克萨斯州一家由首席执行官组成的公共政策研究组织，只由 100 位首席执行官和总裁构成。他还是 2018 年得克萨斯州公立阅览室（Texas Lyceum）的董事会成员，该机构是无党派的非营利组织，致力于就美国和得克萨斯州的重要问题开展业务和政策对话。他还是得克萨斯州执行委员会的技术副总裁。

　　杰森·辛克是金融科技领域的活跃执行官。他曾是得克萨斯州天使网络中心的成员，并为多家初创公司和非营利组织提供咨询服务。他还是美国公司董事协会会员，也是 NACD 董事会治理研究员。

　　2016 年 10 月，杰森·辛克成立了未来主义研究所，亲自以在线培训与认证项目的方式，帮助顾问、高管和金融专业人士。项目参与者可以获得"未来专家和长期分析师认证"（FLTA）。

　　杰森·辛克于 2018 年 6 月被投资百科评为"全球影响力 TOP 100 位财务顾问"之一。

有关 Jason Schenker 的更多信息：

www.jasonschenker.com

有关未来主义研究所的更多信息：

www.futuristinstitute.org

致 谢

我涉足金融行业 15 年有余，在过去的三年半中，我一头扎进了金融科技领域，而本书正是我对过去这么多年学到知识的一次分享。

没有一本书可以完全靠一人之力完成。除了写作，本书的出版还需要编辑、文件制作、设计和项目管理，而这些工作需要的是一个团队的支持。因此，我要感谢 Prestige Economics LLC[1] 和 Prestige Professional Publishing[2] 的工作人员，是他们让本书顺利出版。此外，我还要特别感谢瑙法勒·派泰勒，他负责本书的项目管理工作。

最重要的是，我要感谢我的家人，无论是在我的求学经历、职业发展中，还是在我作为创业者和作者时，他们都一直支持我。我非常感谢亲爱的妻子阿什莉·辛克以及我超棒的父母珍妮特·辛克和杰弗里·辛克。我的家人以无数种方式默默支持着我，他们给予我情感上的支持，同时也给我关于本书的反馈。

---

1 美国咨询和研究公司。——译者注

2 美国图书出版公司。——译者注

每次我写一本书都是一次疯狂的经历，写书会融入我的家庭生活，因此对他们以及在此过程中对我有帮助的所有人，我要郑重地说一声："谢谢！"

最后，感谢您购买本书，希望您喜欢本书。

——杰森·辛克（Jason Schenker）